最先端泳法『フラットスイム』で

クロールがきれいに速く泳げる！

中央大学教授　水泳部監督　髙橋雄介 Yusuke Takahashi

東邦出版

CHUO
UNIVERSITY

最新の理論で泳ぎを進化させて 最高の泳ぎで水泳を楽しみましょう‼

各競技の技術は日々、世界各地で進化しています。水泳も同様に、いかに速く泳ぐか、記録を更新するか、常に研究されています。私もそのひとりで、日々、トップスイマーの泳ぎを見たり、水泳愛好者に指導したり、他競技の指導者の方と話しをする中で、速く泳げる技術、方法を探求してきました。その過程でたどり着いた最新理論が、本書で紹介する『フラットスイム』です。

過去の経験によって培った理論を、私なりの伝え方で一冊の本にまとめました。STEP1では最新のテクニックによる「きれいな泳ぎ」、STEP2ではトップスイマーたちも実践している「速い泳ぎ」、それぞれを身につけられるコツ、練習法を詳しく解説しています。

本書を読み、あなたの水泳を進化させることで、より楽しいスイミング・ライフを送ってくだされば、この上ない喜びです。『フラットスイム』を習得して、きれいに、気持ちよく泳ぎましょう。

Contents

きれいに泳ぐためのドライトレーニング

STEP 2

最新の理論でトップスイマーのように速くなる

POWER UP DRILL　＜速く泳ぐためのドリル＞

速く泳ぐための POWER UP ドライトレーニング

本書の使い方

水泳を始めたばかりの方、上達できずに悩んでいる方は、ＳＴＥＰ１から読んでください。一方で、「自分はそこそこ泳げる」という方も、ＳＴＥＰ１に目を通すことをオススメします。最新のテクニックによってきれいに泳ぐコツを詳述していますので、より理想的な泳ぎが手に入ります。そのあとでＳＴＥＰ２に移行すれば、きれいに、速く泳げる最高の泳ぎが身につけられます。

ひとつひとつのテクニックを身につけることで、ワンランク上の泳ぎを習得してください。

DVDの使い方

本書内で のマークが入っている部分は、詳細を付属の DVD で解説しています。写真だけではわからない実際の動きやリズムの取り方などを映像で確認して、よりよいイメージを頭の中に描きながら練習しましょう。本とＤＶＤを合わせて練習すれば、必ず上達できます。

操作方法

- ＤＶＤをプレーヤーに挿入すると、自動的にオープニング映像が始まり、そのあとにメニュー画面が表示されます。
- 見たい項目に方向キーを合わせると、アイコンの色が変わります。そこで決定ボタンを押す（パソコンならクリックする）と、その項目の解説がスタートします。ひとつの項目を見終わると、再びメニュー画面に戻ります。
- すべてを通して見たいときは「ALL PLAY」を選択してください。初級者レッスンから順番にすべての解説が流れます。

DVDご使用上の注意

・DVDビデオは、映像と音声を高密度に記録したディスクです。再生上の詳しい取り扱い方法については、ご使用になるプレーヤーの取扱説明書をお読みください。
・本DVDは、DVDビデオ対応プレーヤーで再生してください。DVD再生機能を持ったパソコンでも再生できますが、動作保証はできませんので、予めご了承ください。また、DVD対応プレーヤーであっても、一部の機種においては再生できない場合がありますので、ご了承ください。
・本DVDの一部または全部を、著作権者の承諾を得ずに無断で複製、改変、放送、インターネットによる配信、上映、レンタル（有償、無償を問わず）することは法律で固く禁じられています。

STEP1 理想の「ゆっくり」な泳ぎできれいになる

右ページでは、左ページで解説した内容の重要なポイントをピックアップし、対処法やドリルなどを解説します

左ページでは、多くのスイマーが悩んでいる、もしくは気づかずに犯しているミスを指摘し、その原因と改善方法を解説します

STEP2 最新の理論でトップスイマーのように速くなる

右ページでは、最新のテクニックを身につけるための方法や注意点をトップスイマーの泳ぎとともに紹介します

左ページでは、トップスイマーも実践している最新のテクニックと、それによって泳ぎがどう変わるのかについて解説します

STEP 1

理想の「ゆっくり」な泳ぎできれいになる

「きれい」な泳ぎとは、ムダがなく、効率のよい泳ぎです。「自分は泳げる」と思っている人も、改めて泳ぎをチェックし、最新のテクニックでブラッシュアップしましょう！

これが「ゆっくり」で

FRONT

口が水面に出る程度のコンパクトな呼吸で、反対側の手は真っ直ぐにキープ

目線は下に向け、入水は肩のラインに真っ直ぐ

SIDE

肩のラインに真っ直ぐ入水したあとは、スーッと

左手入水のときは右足でキック。ストロークは面

「きれい」な泳ぎ!!

肩→ヒジ→手首→指先の高さの順番を守って水をキャッチ

腕全体でつくった面を崩さずに真っ直ぐ後方にストローク

呼吸は小さくても、肩甲骨主導で腕を動かして

手のひらは下向きで指先から入水。反対側は手の

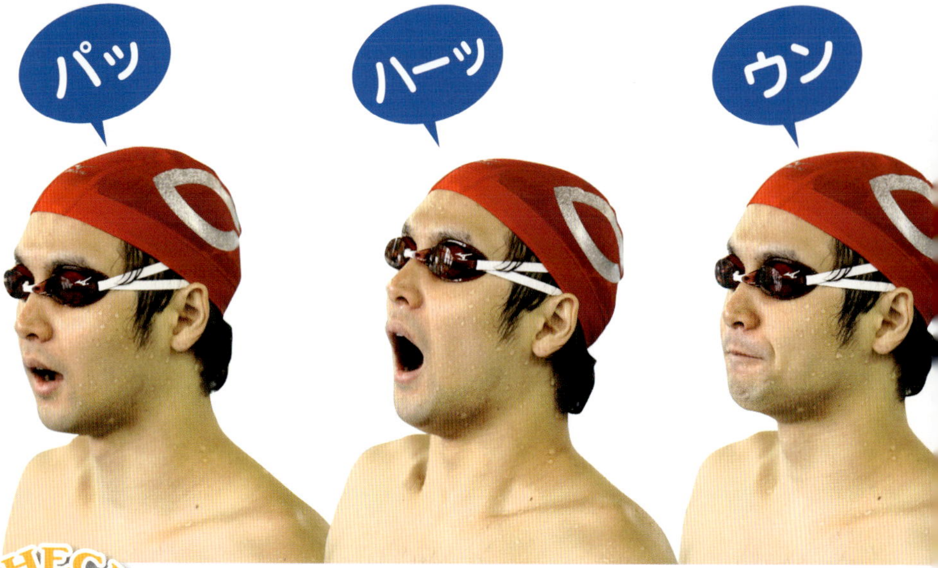

CHECK 1 泳げるけど苦しくなる心あたりないですか？

口を開けて呼吸する形をとっていても、実際には呼吸ができていない。このような人は多くいます。だれでも息を止めたままであれば、むりやり腕をかいて15メートルくらいは進めます。しかし、うまく呼吸ができないために、途中で苦しくなる→立つ→「自分は泳げない」と思う、の悪循環にはまってしまいます。

「泳げない」のではなく、「呼吸ができない」だけなのです。水泳での呼吸は、口で吸って口から吐く「口呼吸」が基本。口で呼吸することに慣れるためにも、まずは陸上でやり方を覚えましょう。

髙橋流の呼吸法は、単に「吐いて→吸って」ではなく、空気を吸い込んだあとに息を止めます。「パッ（吐く）」→「ハー（吸う）」→「ウン（止める）」。息を止めることで肺に空気が溜まり、肺が浮き袋の役割を果たし、浮くことができるのです。

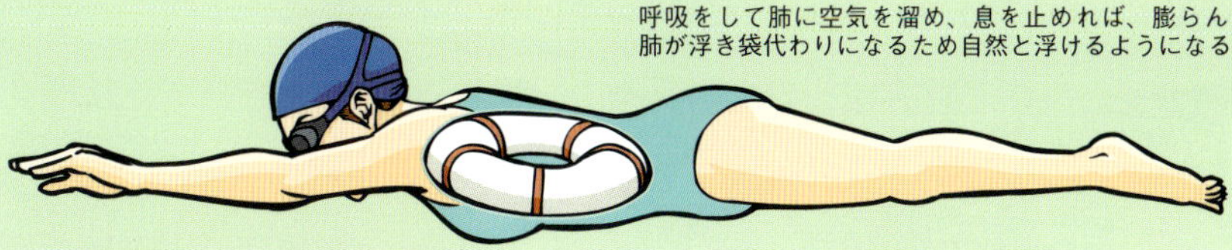

呼吸をして肺に空気を溜め、息を止めれば、膨らんだ肺が浮き袋代わりになるため自然と浮けるようになる

肺が浮き袋になれば沈むことはありません

肺は空気を溜め込む、いわば「浮き袋」のような存在です。特に水中では水圧がかかるので、水中で息を吐いてしまえば水圧に押されて肺が縮み、呼吸をしてもなかなか空気が入ってこない。だから水中では息を止めて肺を膨らませたままにするのです。まずは陸上で呼吸法を練習してください。鼻から息が漏れる場合、鼻をつまんでやりましょう。

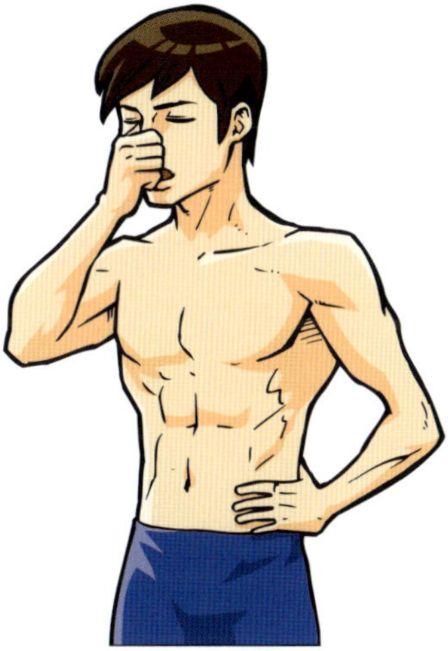

口呼吸をする際、はじめはどうしても鼻から息が漏れてしまうので、鼻をつまんでやるとよい

LEVEL UP

水中での呼吸法にチャレンジしてみましょう

「パッ、ハー、ウン」の呼吸法を水中でできるようになるための最適な練習法である「ボビング」をやってみましょう。まずは口をつけるところから、最後は頭まで潜り、水中で呼吸を止められるようにしましょう。

水上で「パッ、ハー、ウン」を行い、息を止めて口まで水につける

水上で「パッ、ハー、ウン」を行い、次は鼻まで水につける

最後は頭まで潜る。ゆっくり、静かに潜ること

CHECK 2

下半身やお腹が落ちたまま泳いでいませんか？

「フラットスイム」の「フラット」とは、水面に対して水平であることを表しています。フラットな姿勢は水の抵抗が少なく、効率よく泳げるだけでなく、最もきれいに見える姿勢なのです。「自分は水平だ」と思っている人でも、実際には脚が下がっていることが多くあります。それでは水の抵抗が大きく、なかなか進まず、すぐに疲れてしまいます。

これは、人間の身体の構造に理由があります。肺（胸）のあたりに「浮心」があり、おへその下あたりに「重心（武道では丹田《たんでん》と呼ばれる)」があります。浮心がある胸のあたりは浮きますが、重心があるおへそから下は沈んでしまうのです。呼吸によって肺に空気を溜め、膨らんだ肺に身体を乗せるイメージで、やや前のめりになる。これがフラット姿勢をつくる基本。正しい姿勢でラクに泳げるようになりましょう。

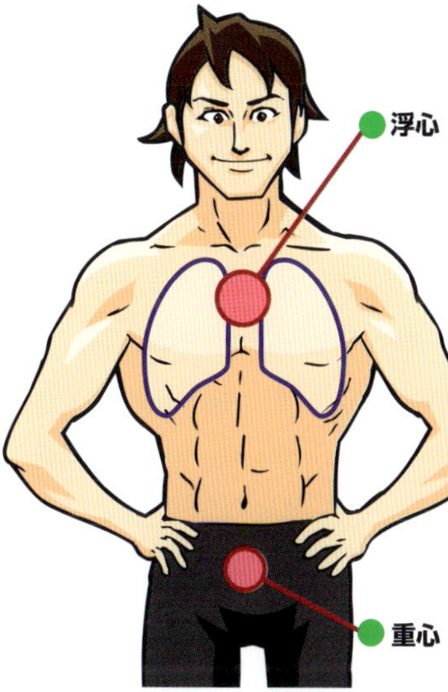

重心を浮心に乗せるイメージを持ちましょう

「肺に身体を乗せる」とは、重心を浮心に近づけるようにすることです。このイメージを持つことで前にグーッと体重が移動し、フラットな姿勢になるのです。どうしてもお腹や下半身が沈んでしまう人は道具の力でフラット姿勢を体感してみましょう。

フラットブイ

腰に装着することで、自然と腰の位置が高くなってフラット姿勢を体現できる

プルブイ

両脚の太ももに挟むと自然と下半身が浮き、軸のブレない泳ぎが習得できる

LEVEL UP

フラット姿勢で進んでみましょう

壁を蹴って「蹴伸び（けのび）」をして、フラットな姿勢で前に進む感覚を味わってみましょう。フラットブイやプルブイがない場合、股にビート板を挟めば同じ効果が得られます。

壁を蹴り、両腕は真っ直ぐ前に伸ばす。その伸ばした手の先にグーッと乗っかるイメージを持とう

息を止めて肺を浮き袋にし、そこに身体を乗せて浮く。重心を浮心に近づける感覚を忘れないこと

猫背になるように
眉間は下になるよう
腹圧を入れる
みぞおちを軽く持ち上げる

CHECK 3 胸を張って背中が反っていませんか？

効率よく泳ぐためには、フラットな姿勢になるだけでなく、身体をしっかり内側に締めて、パワーを出せる姿勢になる必要があります。

まず、眉間（目線）を下に向けます。こうすることで前にグーッと体重が乗せられます。これまで身体が立った状態だった人にとっては、前につんのめるようなイメージがあるかもしれませんが、それでＯＫです。

さらに、みぞおちを上（背中側）に持ち上げて、やや猫背気味にします。これによって身体の筋肉が内側に締まり、クッと力が入ります。

最後に「腹圧」です。おへそのやや下あたり、ここに力を入れることを「腹圧を入れる」といいます。これもフラット姿勢には欠かせません。

こうしてできた姿勢が、最新理論のフラット姿勢です。このフラットな姿勢で泳ぐからこそ、きれいに見え、速く泳ぐこともできるのです。

勇気を出して真下を見て泳ぎましょう

泳ぎの最中、真下を見ることを怖いと思う人もいるでしょう。そのため、眉間を下（プールの底）に向けられず、アゴが上がった姿勢で泳ぐことになります。これが諸悪の根源となり、「アゴが上がる」→「胸が開く」→「お腹が落ちる」→「下半身が沈む」とつながり、身体が立った状態の泳ぎになってしまうのです。「眉間（目線）は下」→「猫背になって胸を閉じる」→「腹圧が入ってお腹から下が浮く」という正しいローテーションに切り替えましょう。

LEVEL UP

「押したものを押し返す」が腹圧の入った状態です

おへその2、3センチ下あたり、ここに力を入れると、「腹圧が入った」状態になります。両手の指で押して、それを押し返すようなイメージです。腹圧が入っていれば、バランスのいい、理想の泳ぎになります。

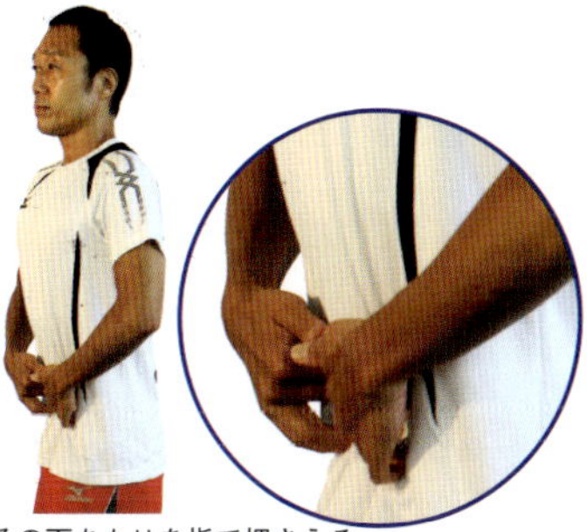
おへその下あたりを指で押さえる

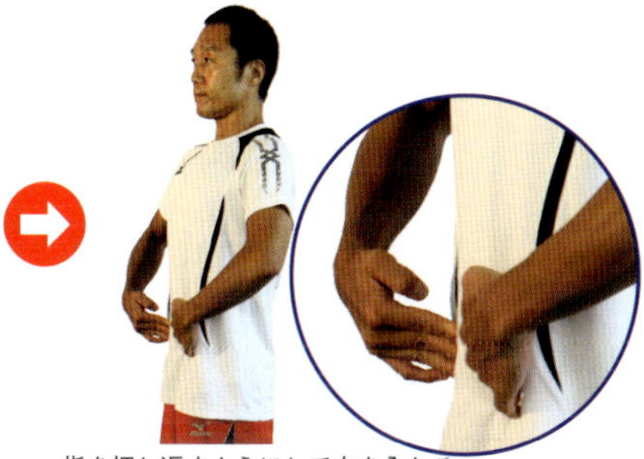
指を押し返すようにして力を入れる

CHECK 4 呼吸をしようとすると沈んでしまいませんか?

なぜお腹や下半身が沈んでしまうのかといえば、呼吸をしながら泳がなければいけないからです。やはり呼吸をするときが一番、お腹の力などが抜けやすくバランスが崩れてしまうものです。ここでは、フラットな姿勢でキックをしながら進み、途中で呼吸をしてみましょう。

最初はビート板を使って進みます。少し進んだら「パッ（吐く）」「ハー（吸う）」「ウン（止める）」の口呼吸を行い、息を止めたら顔を水につける。また少し進んだら、顔を上げ、再び口呼吸をしましょう。もし、いきなり顔を水につけるのが難しい人は、口だけ、鼻だけを水につける方法でもＯＫです。

キックだけに集中したり、呼吸に意識が向いて姿勢が崩れたり、いろいろなミスが出てくるでしょう。少しずつでいいので、キックで進みながらの口呼吸に慣れていきましょう。

呼吸とキックを合わせましょう

フラットな姿勢をキープしたまま前に進みましょう。口呼吸やキックに意識が向くと、下半身が沈みがちになります。ここでの目的は「口呼吸とキックを合わせること」ですから、プルブイやフラットブイを大いに活用して、フラットな姿勢をキープして口呼吸とキックを練習しましょう。

<ビート板の持ち方>

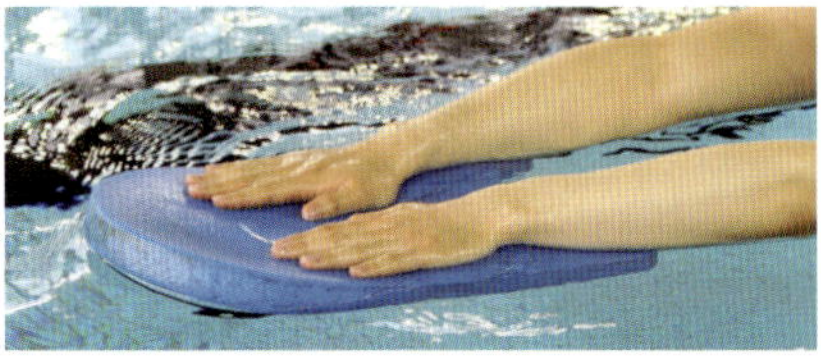

両脇を持つのではなく、面の上に両手を乗せるのがビート板の正しい使い方

LEVEL UP

ズーマーを使って進む感覚を味わいましょう

ズーマーを使うと足の先が長くなり、さらに足幅も広がります。オートマティックに多くの水がとらえられ、力を入れなくても前に進むことができるので、足首をやわらかく使えるようになります。そのコツが簡単に習得でき、一度できてしまえば脳にインプットされるため、ズーマーをはずして素足で実践しても足首をやわかく使えるようになるのです。

ズーマーには浮力効果もあるため、下半身を高い位置で安定させることもできる

CHECK 5 沈んだ状態でむりやり呼吸をしていませんか？

口呼吸がしっかりできれば、ビート板なしでも身体が沈むことなく前に進めるようになります。

しかし、どうしても最初は、一度身体が沈んでしまうものです。そこで、むりやり身体を水面に出そうとするのではなく、息を止めていれば必ず身体は浮いてきます。沈んでしまって慌てるのではなく、水面まで浮いてくるのを待って、それから呼吸をする。そうすれば水面でラクに呼吸ができます。

それでも身体が沈んでしまう人は、フラットブイ、プルブイを使い、キックがうまくいかない人はズーマーを使うといいでしょう。ギアを使ってできるようになったら、ひとつずつ取りはずしていき、最後は素の状態で前に進みながら口呼吸をしましょう。ギアに頼らずに口呼吸とキックができれば、もうクロールは泳げたようなものです。

呼吸のときこそ「腹圧」重視です

息を吐くとき、どうしても力が抜けやすい。ということは、腹圧が入っていない状態になり、お腹や下半身がズーンと沈んでしまうのです。呼吸の間も腹圧を入れていられるかどうかがポイントです。そのためにも、吸ったら止める呼吸法をしっかりできなければいけません。

＜スカーリングで呼吸しよう＞

軽く、左右に手をかくスカーリングをすると、顔を上げる補助ができ、ラクに呼吸できるようになります。

LEVEL UP

キャッチアップでクロールを疑似体験

どのように動かすかは考えず、クロールのように腕を動かしながら、顔を横に向けて呼吸をしてみましょう。片方の手を前に戻したら、もう片方の手をスタートさせる、これをキャッチアップといいます。

右手は前でキープしたまま、左手を指先から入水させる

今度は右手をかき始め、同様の動きをくり返し行う

CHECK 6 やわらかくしなやかに脚を動かしていますか?

脚全体に力を入れたり、ヒザから脚を直角に折ってキックを打ったりしている人はたくさんいます。力を入れればそれだけ進みそうですが、「進んだつもり」だけで、実際にはあまり推進力は得られていません。

キックの基本は「やわらかく」です。ちょうどイルカの尾が動くような、そんなイメージを持ってください。足首はもちろん、脚全体をやわらかく使うことで脚がムチのようにしなり、多くのエネルギーを生み出せます。

勢いよくキックを打たないと沈んでしまう。なかなか前に進めない。だから慌ててキックを打ってしまう。そう思う人がいるかもしれませんが、フラット姿勢が保たれていれば沈むことはありません。焦らず、優雅にキックを打ちましょう。やはり水泳は、気持ちよく前に進む、その優雅な感じが魅力のスポーツですから。

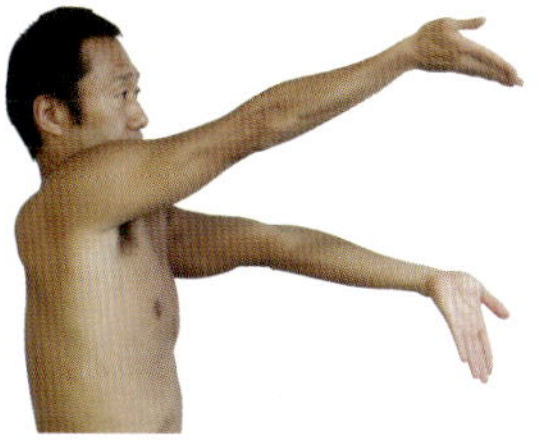

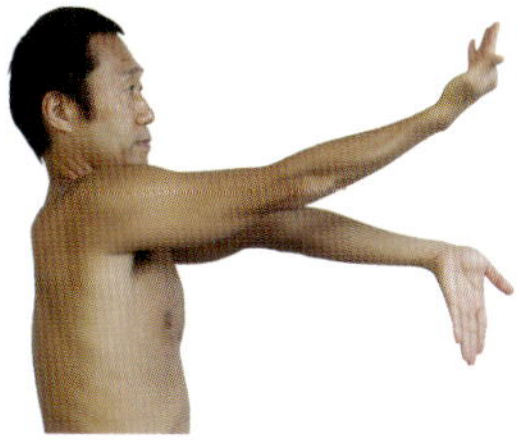

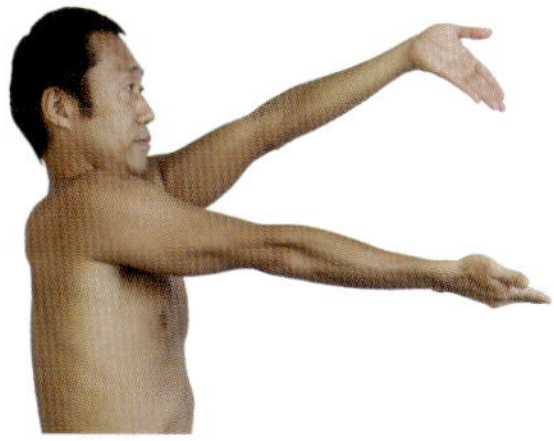

力を入れて蹴るのではなく、脚全体をやわらかく、しなやかに使う

力を入れたからといって前に進む力が増すわけではない。やわらかいキックを打ってこそ、きれいに見える

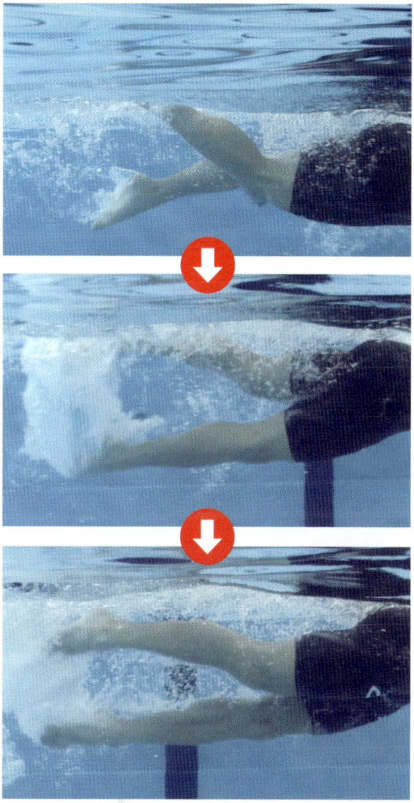

LEVEL UP

ズーマーキック

足首の硬い人はズーマーを使ってのキックで練習しましょう。自動的に多くの水をとらえられるズーマーを使えば、足首が硬い人も、キックが苦手だった人も、ラクに泳ぐコツをつかむことができます。

フラット姿勢をキープし、脚全体の力を抜いてキックを打つ

軽くキックを打ってもラクに前進できるため、やわらかいキックが覚えられる

CHECK 7

効率の悪いキックで苦手意識を持っていませんか?

よく、両脚を真っ直ぐにしたままキックを打つ人がいます。特に足首の硬い人に多く見られます。このキックではエネルギーが左右に分散し、効率よく進むことができません。

やわらかさを持ったまま、効率よくエネルギーを後方に送り出すキックを打つには、両脚を内股にすることがポイントになります。脚のつけ根、ヒザ、足首を内旋させて（内側に回して）、左右の足の親指と親指が軽く触れるようにしてキックを打ちます。足首が内側を向くので、水に対する足の幅が広くなり、より多くの水をとらえられます。また、内股にすることで足首の硬さがとれ、やわらかく使えるようになります。

１回のキックで進める距離が長くなるので、疲れず、ラクに、気持ちよく進めるようになるのです。「自分は足首が硬いな」と思う人は、脚を内旋させる意識を強く持ちましょう。

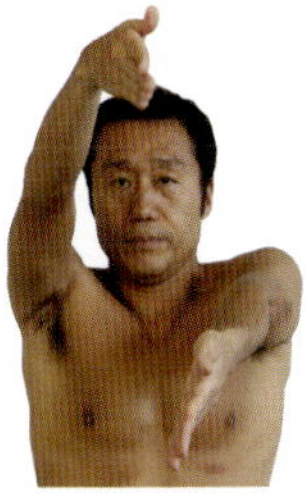

脚全体を内側に回すと内股でキックを打てるようになる

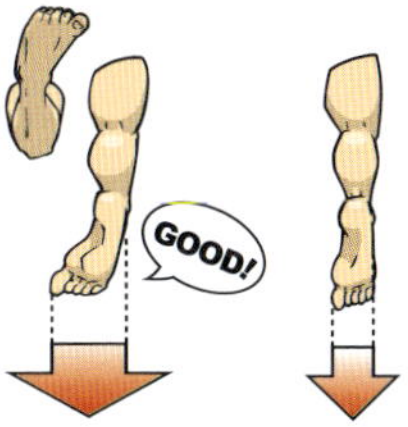

内股にすると、真っ直ぐにしたときより足の幅が広がるため、より多くのエネルギーが生み出せる

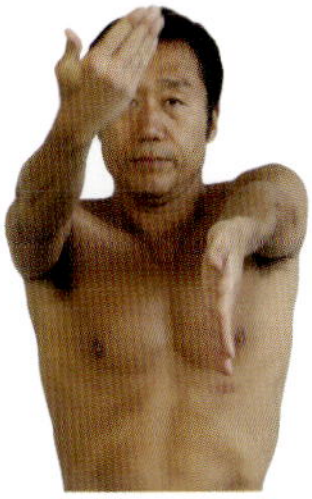

内股のまま、やわらかく、しなやかにキックを打つ

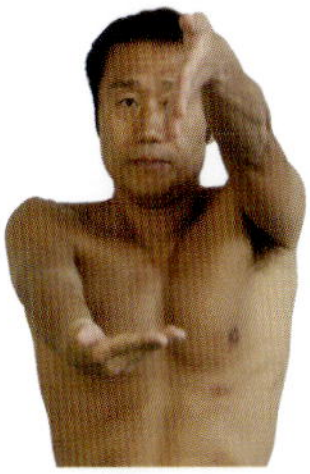

しっかり後方にエネルギーを送り出すことができ、それが大きな推進力を生み出す

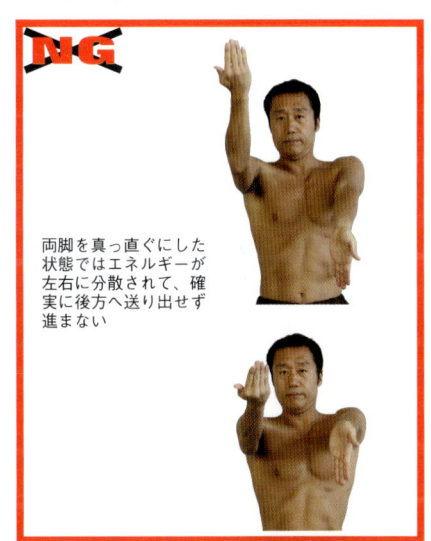

NG

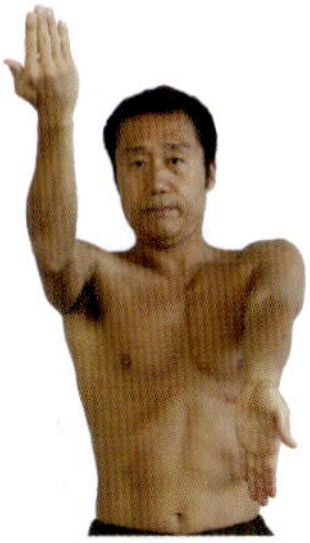

両脚を真っ直ぐにした状態ではエネルギーが左右に分散されて、確実に後方へ送り出せず進まない

LEVEL UP

「親指同士が軽く触れ合う」これがポイントです

力を込めてキックを打てば、その分だけ進めそうに感じますが、実はそれほど多くのエネルギーは生み出せず、ただただ疲れるだけで、効率の悪いキックになってしまいます。両脚を内側に回して（内旋させて）、両方の親指と親指が軽く触れるくらいにすると、両方の足幅がとても広くなり、その分だけ多くの水をとらえることができます。力を入れなくても十分な推進力が得られますから、疲れることなく、気持ちよく前に進めようになるのです。

やわらかく、なめらかなキックのほうが、力を入れたキックよりもエネルギーを生み出せる

CHECK 8

水の中でキックを打っていませんか？

もうひとつのキックのポイントは、脚全体を高い位置に持ち上げて打つことです。足を水面（サーフェス）から軽く出して打つので、サーフェスキックといいます。

これまで水泳の指導では「キックは水の中で打つ」が基本でした。現在は「水の上で打つ」に変わりました。脚全体が水の中にあるということは、下半身が沈んでいることになります。それではフラットスイムではなくなります。サーフェスキックをすれば、脚は高い位置に保たれて、フラットな姿勢をキープすることができます。また、足を水面から出せば、確実に足の甲を後方に向けることができ、多くのエネルギーを送り出せるようになるのです。

足を水面から出すには、蹴り上げる動作が大切になってきます。脚裏全体の力が必要ですので、ドライトレーニングで鍛えましょう。

水上に足を出して
水面でスパッスパッと打つキックに変えましょう

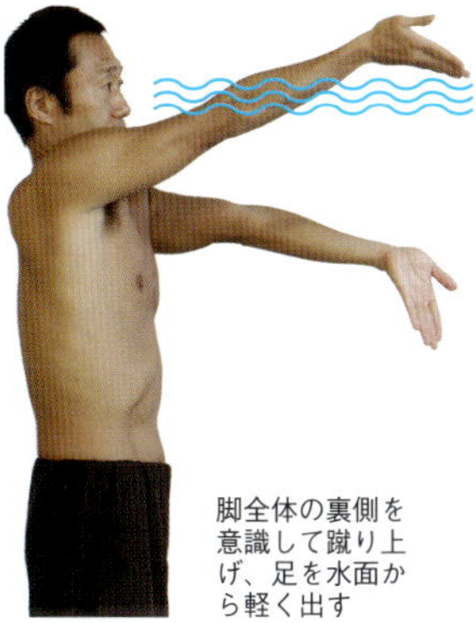
脚全体の裏側を意識して蹴り上げ、足を水面から軽く出す

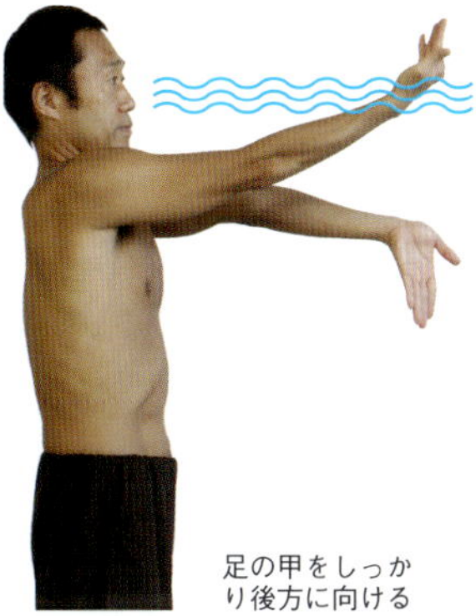
足の甲をしっかり後方に向ける

エネルギーを後方に送り出す

水中でキックを打つと、水をとらえていると錯覚しますが、疲れるだけで、前への推進力は得られません。腰を高い位置に保ち、両脚を持ち上げて、水面で足をスパッスパッとさせるようにキックを打ちましょう。

LEVEL UP

アップキック

もも裏、ふくらはぎ、脚の裏を意識して、足を水面から軽く出して、ゆっくり、やわらかくキックを打ちます。腰の位置を高く保つために、フラットブイを腰に巻いて行うのもいいでしょう。

両手は前方に伸ばし、フラット姿勢をキープしてキックを打つ

足首が水面に出るくらい持ち上げ、サーフェスキックの感覚をつかもう

CHECK 9 がむしゃらに手をかいていませんか？

ここからは、クロールの手のかき方のテクニックについて紹介します。

がむしゃらに、力ずくで手をかくと、それだけ進んでいるように感じます。しかし、姿勢は崩れ、思いのほか進まない効率の悪い泳ぎになってしまいます。

「手のかき方」とひと言で表していますが、細かく見ると「エントリー（入水）」「ストレッチングタイム」「キャッチ」「ストローク」「リリース」「リカバリー」の６つの部分に分けられます。いずれも、きれいに、効率よく泳ぐための正しい形があります。まずは、それぞれの部分がなにを意味するのかについて覚えてください。

そして、ひとつひとつの動作を確認し、なめらかで、美しい手のかきを習得してください。そうすれば、きれいに、優雅にクロールを泳げるようになれるのです。

エントリー

肩のラインの延長線上に真っ直ぐ、手のひらを下に向けて指先から水の中に入れていく

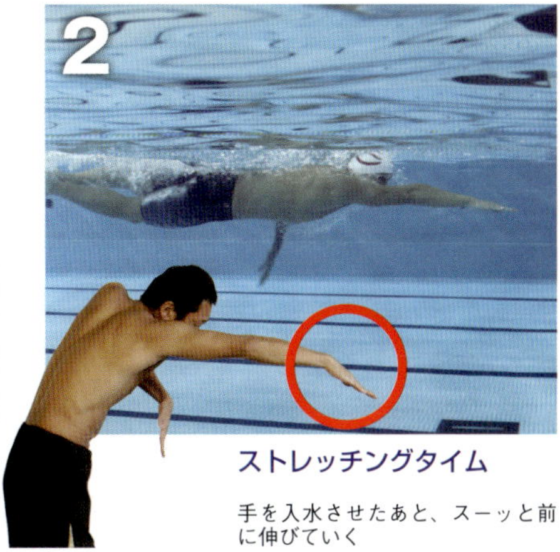

ストレッチングタイム

手を入水させたあと、スーッと前に伸びていく

キャッチ

指先から丸め込むように手首を曲げ、手のひらの面をつくる

ストローク

手のひらの面、ヒジまでの面、腕全体の面を崩さずに、真っ直ぐ後ろにかく

リリース

肩甲骨の動きを主導にして、スッと手を水の上に出す

リカバリー

親指は下、指先は後ろに向けたまま、肩甲骨の動きによって腕を前に戻していく

CHECK 10 前に進むために慌てて手をかいていませんか?

一生懸命に泳ごうとして、入水してからすぐに手をかき始める人がいます。たくさん手をかけば、それだけ前に進めるかといえば、そうでもありません。まして、バシャバシャと手をかく姿は美しくありません。

肩のラインに真っ直ぐ、手のひらは下向きで指先から入水させたら、一度スーッと腕を伸ばしていき、ストレッチングタイムをとりましょう。

ストレッチングタイムでは、力を使わずに水の流れに乗れるので、ラクに前に進むことができます。また、前に伸ばした手の指先に意識を向け、体重を乗せるイメージで伸びることができれば、より効率よく進むことができるのです。ストレッチングタイムを長くとればとるほど、きれいな泳ぎになりますし、自分自身も優雅な気持ちになれます。毎回のストロークで、スーッ、スーッと気持ちよく伸びるようにしましょう。

手首はやわらかくして軽く曲げておきましょう

手首が硬いままでは、指先が上を向いて手のひらをバシャッと水につけるような入水になってしまいます。すると、入水させたあと、水を押さえ込んだり、手が内側や外側に流れたり、効率の悪い泳ぎになります。手首はやわらかく使いましょう。

腕を伸ばしすぎると、指先が上に向いてしまう

外側に手が流れると蛇行しながら進むことになってしまう

手のひらから入水すると、そのまま水を押さえ込んで効率が悪くなる

LEVEL UP

脚と同様に肩も内旋させましょう

スクールなどで「肩を出しなさい」「腕を伸ばしなさい」という指導が多くあります。しかし、腕を伸ばそうとすればするほど、肩、ヒジの位置が下がり、指先は上を向きやすくなります。すると、指先がヒジや手首より高い位置になるので指先に体重を乗せることができません。
肩は内旋させてアゴにつけるようにしてください。こうすれば腕の伸びすぎが防げて、必ず指先から入水でき、そこに全体重を乗せることができます。そして、この状態のままストレッチングタイムをとりましょう。

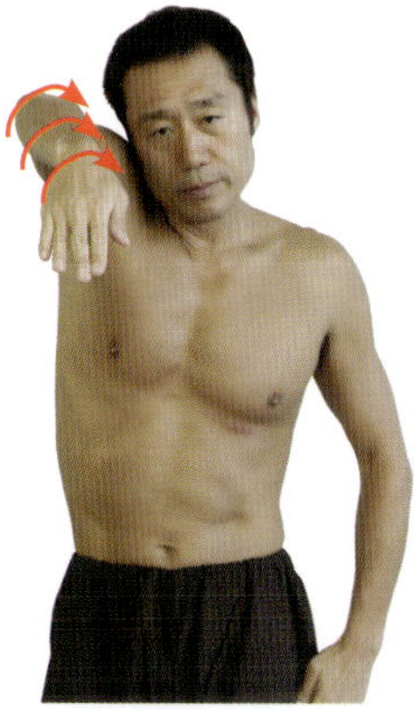

肩を内側に回して（内旋させて）肩がアゴにつくようにすると、指先入水ができるようになる

CHECK 11 かいているのにあまり進んでいないのでは？

肩を高い位置に保ったままストレッチングタイムをとるのは、きれいに見せるだけでなく、そのあとのキャッチ、ストロークにおいてとても大切なことです。

スーッと気持ちよく伸びたあと、水を包み込むようにして手のひらの面をつくる。これが「キャッチ（水をつかまえること）」になります。キャッチがうまくできなければ、水を下に押さえ込んだり、指先が上がったり、手が内外に流れたりして水をつかまえられず、ストロークを正しくかき出すことができません。進行方向と逆側、つまり後方にしっかりエネルギーを送り出すためには、キャッチで手のひらの面づくりが重要なポイントになるのです。

できるだけ遠い位置にある水に指先を引っかけ、その水を包み込むようなイメージで手首を曲げていく。この感覚が大切になってきます。

肩→ヒジ→手首→指先の高さを守りましょう

水を押さえ込んだり、手が流れてしまう以外に、指先が上がることでアゴが上がる→胸が落ちる→お腹が落ちる→下半身も落ちる、という姿勢への悪影響も出てきます。肩は高く保ち、指先を一番下にして、そこに乗っていけるようにしましょう。

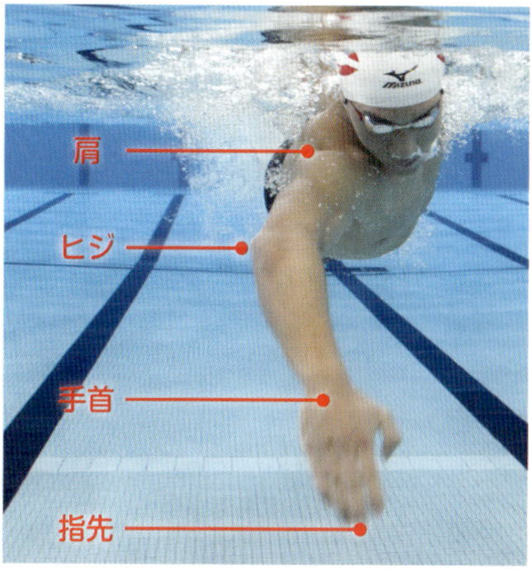

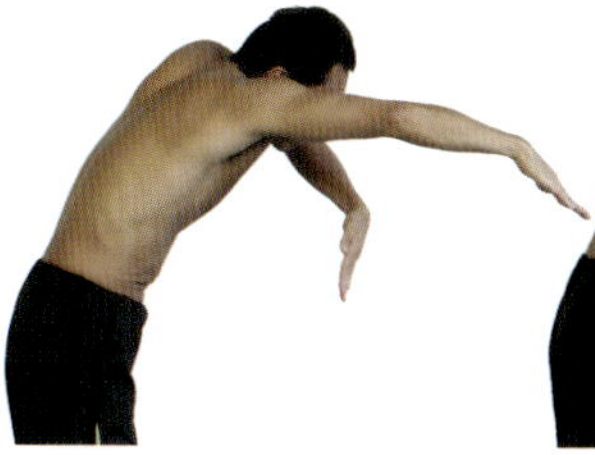

肩を高い位置に保ち、指先から入水

肩をアゴにつけたまま、スーッとストレッチングタイムをとる

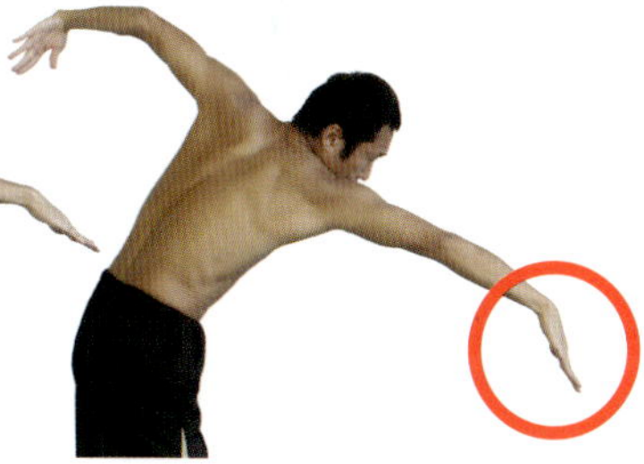

遠い位置の水に指先を引っかけるイメージで手首を曲げていく

LEVEL UP

ドッグパドル

手のひらの面、手首からヒジまでの面、それぞれの面づくりを覚える練習です。身体の前だけで手をかくので、面づくりに集中できます。

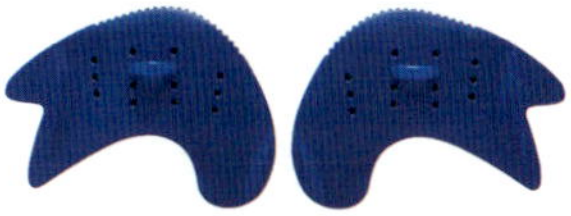

フィンガー・パドル

片腕は面づくり、もう片方の腕は肩をアゴにつけたまま伸ばす

面づくりをした腕は、身体の前だけで手のかきを終える

左右交互に面づくり、ストレッチングタイムをくり返し行う

CHECK 12 左右に蛇行しながら進んでいませんか？

面づくりができたら、今度はストロークに入ります。

よく、ストロークをしようとして、水を下に押さえ込んだり、外側に手をかいたりする人がいます。これは、入水したときに肩→ヒジ→手首→指先の高さの順番になっていないことが原因です。外側に手をかいてしまう、いわゆる「Ｓ字」ストロークは、昔は主流でした。しかし、現在は「ストレートプル」が基本です。なぜなら、Ｓ字を描くようにストロークすると、たくさんの水をとらえている感覚になるのですが、エネルギーが左右に散らばり、最悪の場合は蛇行しながら進むことになってしまうからです。手のひらの面、ヒジまでの面、そして腕全体の面、それぞれの面を常に後方に向けたまま真っ直ぐにかく。このストレートプルが、最も効率よく後方にエネルギーを送り出すことができるのです。

小さく、ゆるやかなS字ならOKです

大きなＳ字のストロークでは、左右に蛇行しながら進むことになるのでＮＧです。しかし、ゆっくり泳ぐときは、ゆるやかなＳ字であればＯＫです。ただし、あくまで基本はストレートプル。キャッチでつくった面を崩さずに後ろまでかききる意識は持っておきましょう。

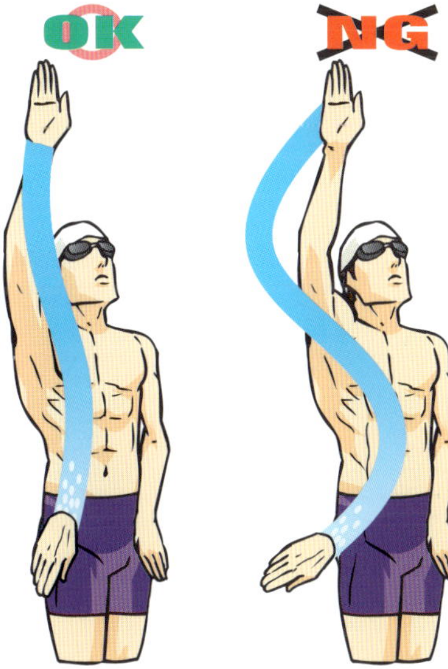

すべての面を常に後方に向けたまま、最後までかききる

LEVEL UP

身体の前でヒジを立てて「滑り」を防ぎましょう

キャッチでつくった面を崩してストロークに入ると、水をとらえられません。特に女性に多く見られるのが、ヒジを引いてしまう「滑り」の状態です。これでは水をとらえられないので、いくら手をかいても進まなくなってしまいます。手のひらの面をつくったあとは、ヒジを引くのではなく、立てるようにして、そこに身体を乗せていきましょう。

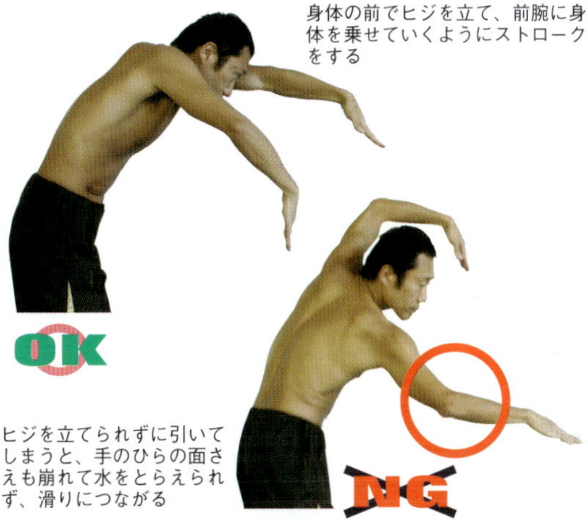

身体の前でヒジを立て、前腕に身体を乗せていくようにストロークをする

ヒジを立てられずに引いてしまうと、手のひらの面さえも崩れて水をとらえられず、滑りにつながる

CHECK 13

力ずくで前に進もうとしていませんか？

腕を伸ばしてストロークをすると、入水したときよりも深い位置をかいて、後ろまでかききったときに再び入水時と同じ高さまで手を戻すことになります。多くの水をとらえている感覚になりますが、手の軌道は楕円になっているので、エネルギーは下→後方→上と分散されてしまう。「頑張って手をかいているのに、なかなか前に進まない」と悩んでいる人は、楕円のストロークになっている可能性があります。

エネルギーは、後方に伝えなければ前への推進力にはなりません。キャッチでできた手のひらの面、手首からヒジにかけての前腕の面、ヒジから肩にかけての上腕の面を崩さず、前で立てたヒジから先に身体を乗せるイメージでストロークしましょう。すると、グーッと前に進めます。力はいらず、やわらかいストロークでも推進力が得られるのです。

腕全体の面は常に後ろ向きのままです

入水からストロークまで、腕の位置の基準は肩（二軸）のラインになります。この肩のラインに沿って、キャッチでつくった面を崩さず真っ直ぐにストロークしてエネルギーを後方に送り出しましょう。

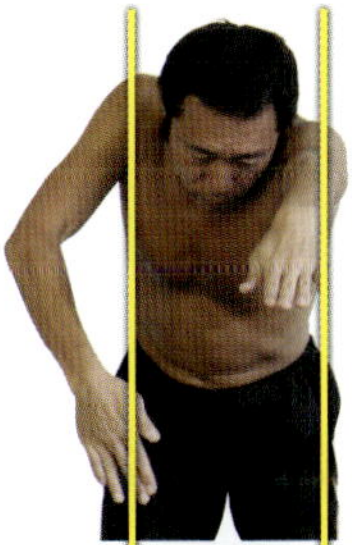

手のひら、手首からヒジにかけての面をつくる

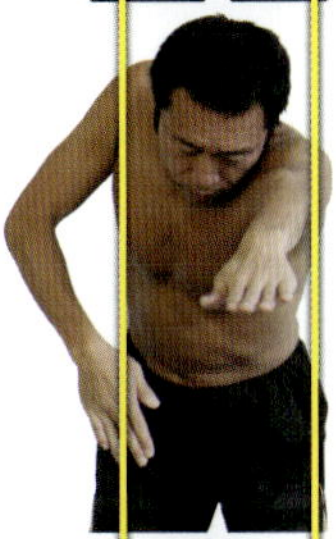

面を崩さないように、立てたヒジから先に身体を乗せていく

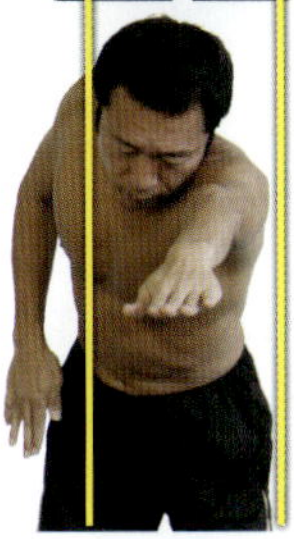

後方に向かって真っ直ぐ、最後までしっかりかく

LEVEL UP

ワンハンドストローク

片手だけをフルにストロークするドリルです。片手だけなので、面づくり、腕の軌道が真っ直ぐになっているかどうかを確認しやすくなります。フィンガーパドルを使えば、水をとらえる感覚も身につけられます。

腕全体の面を崩さず、真っ直ぐにかいていく

後方までしっかりかききり、エネルギーを送り出す

肩→ヒジ→手首→指先の高さの順番で肩のラインに入水

CHECK 14 ムダに手をかき上げていませんか？

ストロークで最後までかききった腕を水上に出す、これがリリースです。よく、力強くかこうとしてバシャッとかき上げてしまう人がいますが、これはきれいな泳ぎにはなりません。また、腕を上へ上へ持っていこうとする人もいますが、身体が沈む原因になってしまいます。

一生懸命に腕を動かそうとするから力が入ってしまうのです。腕をかこう、かこうとせず、ズボンのポケットからスッと抜くイメージで手を水の上に出しましょう。

静かに手を抜くためには力を抜く必要がありますが、それ以上に肩甲骨によって腕を動かすことが大切です。最後までかききったら、肩甲骨を内側に寄せます。それによって自然と腕が水上に上がるのです。そのあとのリカバリーでも肩甲骨を大いに活用するので、トレーニングで肩甲骨の運動を入念に行いましょう。

腕だけでなく肩甲骨をフルに活用しましょう

腕だけを回そうとするのではなく、肩甲骨を内側に寄せるとスッと抜けます。力を入れてしまうと肩甲骨の動きが削がれてしまうので注意しましょう。

面を崩さないように注意して、肩甲骨を後ろに下げる動きを利用し、真っ直ぐに後方までかききる

後ろに下げた肩甲骨を、今度は内側に寄せる。そのことによって力を入れずにスッと手を抜くことができる

最後まで手をかききる

肩甲骨を内側に寄せて水中からスッと手を抜く

親指は下、他の指の先は後ろを向いたままリリースする

LEVEL UP

腕だけを回すと姿勢の乱れにもつながります

後ろまでしっかりかいたあと、腕の力だけでリリースをすると、大きな推進力が得られるどころか、身体のバランスを崩しかねません。力を入れれば、それだけ硬い動きになり、スムーズなリカバリーができなくなってしまいます。
リリースからリカバリーは呼吸にもつながってきますので、とても大切な要素です。ここで正しい腕の動きを身につけておきましょう。

腕の力だけで手を上げようとすると、姿勢が崩れ、リリースした手の指先が上を向いてしまい、リカバリーに悪影響を及ぼす

CHECK 15 肩が硬くて腕が回りづらくありませんか？

「指先は後ろ、親指は下、手首はやわらかく」これがリカバリーのコツです。指先が前を向くと、肩が回りづらくなり、親指が上を向くと胸が開く原因になり、手首が硬いとリカバリー全体が硬くなってしまいます。この場合、肩を中心にして、腕だけで手を回そうして平たいリカバリーになっていることが多くあります。

ゆったり、大きくリカバリーするためには、肩甲骨の動きが必要不可欠です。肩甲骨を内側に寄せてリリースし、今度は上に上げる（進行方向に動かす）と、自然と腕を回せるのです。腕を伸ばそうとして肩を前に出すのではなく、肩甲骨を使って腕を長く見せれば、きれいな泳ぎに見えます。さらに、肩甲骨を上げることで腕も高く上がり、そこから入水に向かうので、肩が高い位置に保たれた入水〜ストレッチングタイムもできるようになるのです。

肩甲骨を「寄せて→上げる」動きを覚えましょう

大きく、ゆったりしたリカバリーをするためには肩甲骨の動きが重要。ドライトレーニングで肩甲骨の動きをやわらかくし、可動域を広げましょう。

SIDE

BACK

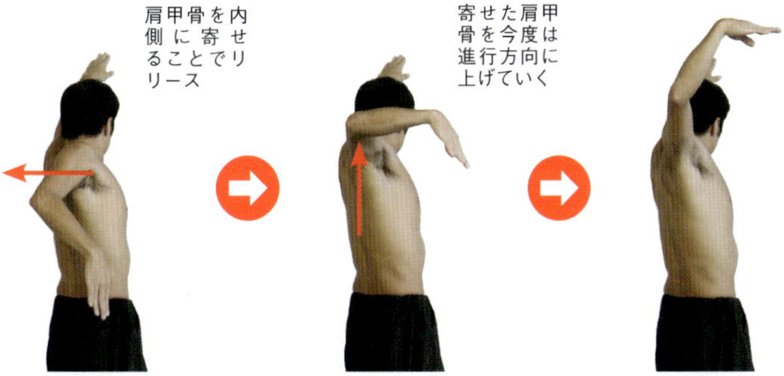

肩甲骨を内側に寄せることでリリース

寄せた肩甲骨を今度は進行方向に上げていく

その動きにともなって腕が大きく回せる

LEVEL UP

サイドタッチ with ビート板

手をリカバリーするとき、一度脇の下にタッチをするドリルです。腕だけを回したのでは脇にタッチすることはできないので、肩甲骨を大きく引き上げられるようになります。

肩甲骨を内側に寄せてリリース

肩甲骨を進行方向へ上げて腕を動かし、前に戻す途中で脇にタッチ

肩甲骨主導で大きく、ゆったりと腕を回して入水へ向かう

CHECK 16 プルとキックのタイミングは合っていますか？

手のかきとキックにはタイミングがあります。入水する側の手と逆の足でキックを打つ「クロス」と、パワーポイントにある手と同じ側の足でキックを打つ「同軸」があります。どちらで合わせるかは好みですが、それぞれのタイミングに用途があります。前者の「クロス」のタイミングは、長距離で泳ぐ場合に多用されます。速く泳ぐ場合は、よりパワーを前方へ持っていける「同軸」のタイミングで合わせます。

タイミングが合わずにキックを打つことを「逆打ち」といいます。例えば、右手を入水させるときに右足でキックを打つと逆打ちになります。前への推進力が得られないだけでなく、身体が左右にブレて真っ直ぐ進めなくなってしまう。キックを大きく、強く打とうとするよりも、このタイミングをしっかり覚えるようにしましょう。

「同軸」のタイミングを覚えましょう

「クロス」で合わせるほうがいい、という人も、いずれ速い泳ぎを習得するためにも、よりパワーの出る「同軸」のタイミングを覚えておきましょう。

入水する側の手（左写真は右手、下記の水中写真では左手）と逆の手はパワーポイントになっている

パワーポイントになっている手と同軸の足（左写真は左足、下記の水中写真では右足）でターンとパワーキックを打つ

LEVEL UP

2ビートスイム

普段のキックでタイミングが合わせにくい場合、2ビートスイムでやってみましょう。片方の腕で1回ストロークする間にキックは1回しか打たないので、どのタイミングでキックを打てばいいのかが簡単に覚えられます。

右手がパワーポイントのとき、右足でパワーキックを打つ

左手がパワーポイントのときは、左足でパワーキックを打つ

CHECK 17 ローリングしすぎて大きな呼吸をしていませんか？

呼吸では、息を吐いたり吸ったりできればいいわけではなく、やはりスマートな方法を覚えたいところです。呼吸をするために顔を大きく上げると、身体が横に傾いてしまいます。すると、胸が開いて、お腹や腰、下半身が落ちる原因につながり、フラットな姿勢が崩れてしまうのです。また、大きな呼吸をしているということは、身体を大きくローリングさせている可能性があります。ローリングを大きくすると、身体が左右にくねって、なかなか前に進めない非効率な泳ぎになってしまうのです。

呼吸はコンパクトに行うのがベターです。リリースのとき、口が水面に出る程度に顔を上げましょう。口に水が入りそうで怖い場合、アゴまで水面に出す方法でもＯＫです。

もちろんここでも、「パッ、ハー、ウン」の呼吸法で、息を止めて顔を戻すようにしましょう。

顔と腕の動きを独立させられればカッコよく見えます

リカバリーが半分くらい終わったら顔を先に戻します。手の動きと顔の動きを独立させて呼吸ができれば、とてもきれいに、カッコよく見えるのです。

水面から口が出る程度に顔を横に向ける

腕と一緒ではなく、顔を先に水の中に戻す

大きなローリングをすると、くねりながら泳ぐことになってしまう

アゴを前に上げて呼吸をすると胸が開いてお腹や下半身も落ちてしまう

LEVEL UP

立った状態で呼吸の練習をしてみましょう

「いきなり泳ぎの中で手と顔の動きを独立させたり、コンパクトな呼吸をするのは難しい」という人は、まずは水の中で立ったまま、手の動きと呼吸の動きを練習してみましょう。

口を水面に出して呼吸

息を吸ったら先に顔を戻し始める

息を止めて顔を入水。続いて手も入水させる

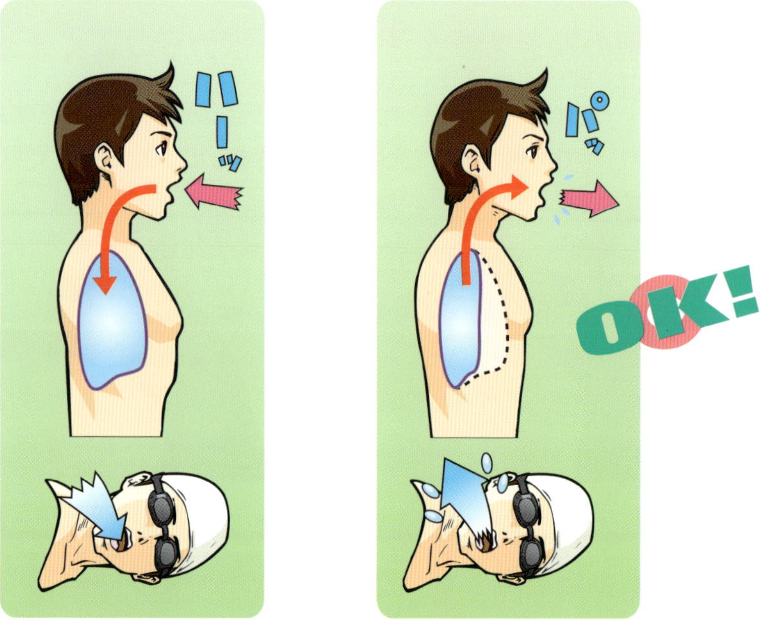

CHECK 18 大量の空気を吐いて吸っていませんか？

息つぎをするとき、深呼吸をするかのように目いっぱい呼吸する人がいます。肺の中の空気をすべて吐き出して、思いきり吸い込もうとする……。競技者など普段から泳ぎ続けている人であればそれも可能でしょうが、大量の空気を出し入れするには呼吸筋の発達が必要です。特に吸う力が必要ですが、それがないのに肺の中の空気をすべて吐いてしまうと、その分を吸えずに、途中で苦しくなってしまうのです。

呼吸をする際、すべての空気を交換する必要はありません。肺に溜まる空気の半分を吐いて、その分だけを吸うくらいでいいでしょう。思いきり呼吸をしようとすれば大きな呼吸になり、身体のバランスが崩れてしまいます。

小さく、コンパクトな呼吸でＯＫです。呼吸も軽く、ゆっくり、優雅に行うようにしましょう。

少ない排気量の呼吸を身につけましょう

顔が水面と平行なくらい、口が水面から出る程度のコンパクトな呼吸が理想。思いきり吸おうとしなければ自然と軽く、コンパクトな呼吸ができます。

思いきり呼吸しようとすれば身体を大きくひねることになります。呼吸をしているときが最もバランスが崩れやすいとき。顔を上に向ければその分重力がかかりますから、沈みやすくなってしまうのです。

LEVEL UP

ワンハンドスイム with ビート板

『ワンハンドストローク』のドリルに呼吸を加えた練習です。片腕だけでストロークからリカバリーまで行い、その間に呼吸を入れます。ビート板を持ってやり、コンパクトな呼吸を心がけましょう。

口が水面から出る程度に顔を横に向ける

半分吐いて、半分吸う呼吸を行う

腕に先立って顔を水の中に戻していく

CHECK 19

効率のよいターンができていますか？

ここまでのテクニックが身についたら、もうクロールで25メートル泳ぐことは簡単でしょう。そうなると、今度はターンで折り返す場面が出てきます。効率のよいターンができれば、スムーズに次の泳ぎに入っていけます。ここでは、きれいでスムーズなタッチターンを紹介します。

タッチターンのポイントは、手を壁につけたあとです。すぐに手を離さず、十分に身体を壁に近づけます。そのあとで身体の向きを変えなければいけないので、いかに「身体を小さく折りたためるか」がカギになります。身体が伸びていると水の抵抗を受けて、なかなか身体が回りません。身体の回転が不完全だと、横に蹴り出して斜めの方向にターンしてしまい、効率が悪くなるのです。

身体を小さくたたんで向きを変えたら、あとは足裏を完全に壁につけ、しっかり蹴り出せばＯＫです。

腕を伸ばして壁に手をつける

身体を小さくたたみつつ、十分に壁に近づく

軸足の甲にもう片方の足を乗せる

両腕のかきを利用して身体を回す

しっかり壁に足をつけてから蹴り出す

斜めに蹴り出してしまうとロスが大きい

LEVEL UP

小回りが利けばペースを崩さずターンできます

ターンは泳ぎのペースに大きな影響を及ぼすものです。いかに効率よくターンができるかがポイントになります。身体を伸ばしたままでは小回りが利かないため、大きなターンになってしまいます。身体を小さくたたむことで、ロスのない、効率のよいターンになります。せっかく25m以上泳げるのであれば、より見栄えのする泳ぎにするために、きれいなターンを身につけましょう。

壁に手をついたあと、素早く身体をたたみ込み、壁との距離を近づける

CHECK 20 水しぶきを上げて回っていませんか？

水中で前方に回って行うターンを「フリップターン」といいます。いわゆる、水中での「でんぐり返し」です。

壁に近づいたら、両手をかいた勢いを使い、グッと頭を丸め込むイメージででんぐり返しをしましょう。タッチターンと同じように、身体をコンパクトに折りたたむと回りやすくなります。

タッチターンと違い、フリップターンでは一度、足が水の外に出ます。勢いよく回転すると、水しぶきが上がりすぎてしまう。足をやわらかく入水させ、水しぶきが立たないフリップターンをやるとすごく素敵です。身体を回転させたら、両足の裏を完全に壁につけ、やわらかく蹴り出していきましょう。「静かに回る」きれいなフリップターンを目指してください。周りからは「お、あの人うまいな」と思われるでしょう。

クロールで壁に近づいていく

両手をかいて勢いをつけ、頭を丸め込んでいく

身体をコンパクトにたたんで回る

足はやわらかく入水（あお向けでも横向きでもＯＫ）

両足の裏を完全に壁につける

やわらかく蹴り出す

LEVEL UP

壁との距離感が大切です

できるかぎりスピードを落とさずターンに入るために、壁との距離感に気をつけましょう。
壁に近すぎて足が壁にあたってしまったり、壁から遠すぎて十分に足で壁を蹴れなかったり、距離感を間違えるとさまざまなミスにつながります。人それぞれ身体の大きさが異なりますから、練習の中で自分に合った距離感を覚えましょう。

壁との距離は遠すぎても近すぎてもいけない。距離感を身につけ、しっかりターンできるようにしよう

きれいに泳ぐための

TRAINING 1 フロントブリッジ

体幹

腹圧を入れ、身体全体を内側に締めながら行うドライトレーニングです。体幹を鍛えつつ、水泳における「前に乗る感覚」がつかめます。

1

両手、両ヒザをついて四つん這いになる。このとき腹圧が入っているかどうか確認すること

2

両ヒザを持ち上げて腕立ての体勢になる。みぞおちを持ち上げて猫背にすること

3

真っ直ぐ下を向いたまま、つま先を使って前にグーッと乗っていく。これによってクロールで前に乗る感じもつかめる

ドライトレーニング

TRAINING 2

肩立て伏せ

肩甲骨

聞き慣れない名前のトレーニングですが、肩甲骨を使った運動です。肩甲骨の可動域を広げたり、動きをスムーズにすることができます。

1

両手、両ヒザをついて四つん這いになる。ヒジをしっかり伸ばしておくこと

2

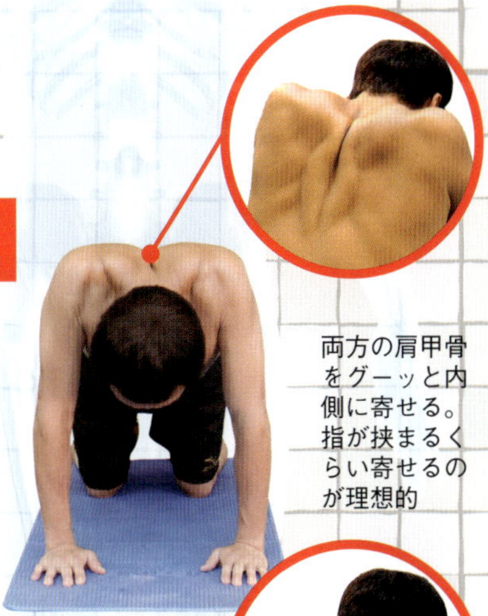

両方の肩甲骨をグーッと内側に寄せる。指が挟まるくらい寄せるのが理想的

3

両方の肩甲骨を外側に向けて開き、背中を持ち上げていく

4

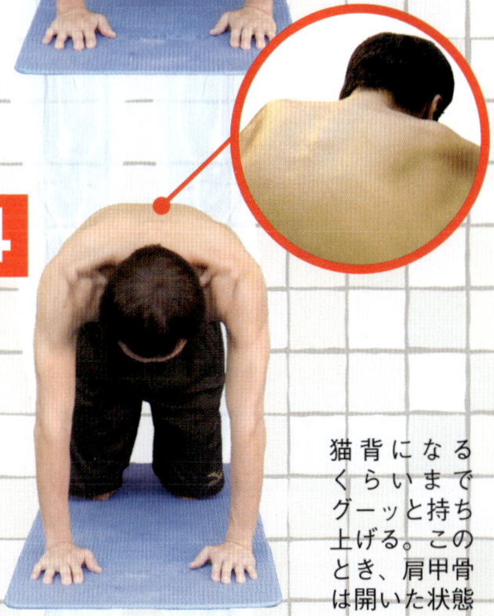

猫背になるくらいまでグーッと持ち上げる。このとき、肩甲骨は開いた状態

TRAINING 3

ライドオンアクシス

体幹

「アクシス」とは「軸」を表します。肩のラインである二軸に身体を乗せることを学びつつ、軸のブレない身体をつくる目的があります。

SIDE

1

フロントブリッジと同じ体勢になる。このとき腹圧を確認すること

2

片方の腕に体重を乗せ、もう片方の腕をクロールの手のかきと同じように回す

1

2

FRONT

3

片方の軸に乗ったまま、肩甲骨を大きく使ってリカバリーの動きする

4

手を前に持ってくる。一連の動作の中で腹圧が抜けないように注意

3

4

TRAINING 4

ショルダーアップ

肩甲骨

クロールのリカバリーから入水における肩甲骨の使い方を学びつつ、肩甲骨の動きをスムーズにさせるドライトレーニングです。

1

うつ伏せに寝て、両手の指先を立てて地面につける。眉間を下に向けて泳ぎと同じ姿勢をとる

2

片方の腕を肩甲骨主導で持ち上げる。地面につけてある手の指先はしっかり押さえたままにすること

3

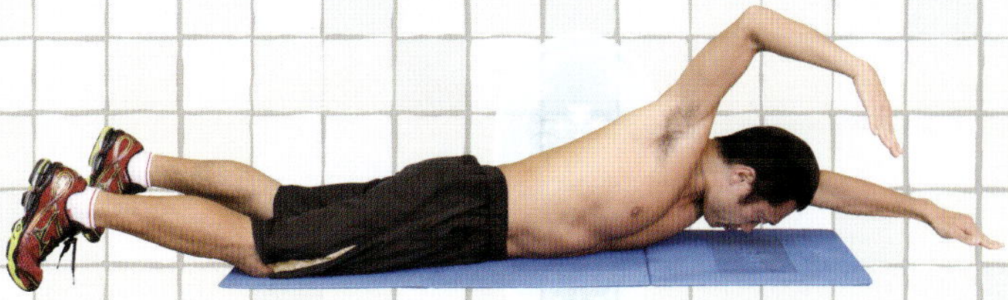

肩甲骨を動かしてさらに腕を持ち上げる。逆の手が地面から離れてしまわないように、しっかりキープしておく

4

肩甲骨を前に移動させ、それによって腕を前に戻していく。クロールの入水と同じ動きであり、実際のクロールではこのとき反対側の足でキックを打つので、ここでは左足を地面に押さえつける。これでタイミングを学ぶこともできる

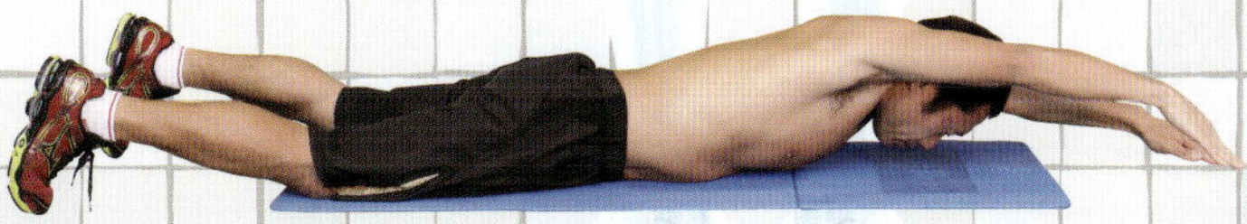

TRAINING 5

サイドブリッジ

体側

片腕で身体を支えて体側を鍛える運動です。腕のトレーニングにもなり、お腹やおしりが落ちないように姿勢をキープするので体幹も鍛えられます。

1

横向きになり、片方の腕で身体を支える。両脚を前後に開き、下の脚を前に出す。目線は真っ直ぐ前を向けること

2

身体を真っ直ぐにキープしたまま、もう片方の腕を上に上げる。姿勢をキープしてお腹やおしりが落ちないように気をつけること

TRAINING 6

サイドクランチwithバランスボール

体側

バランスボールの上で体側を絞り上げる動作をくり返すドライトレーニングです。バランスをとりつつ体側を鍛えることができます。

1

バランスボールに横向きに乗る。両手は頭の後ろで組む

2

身体を持ち上げ、体側を絞り上げる。この上げ下げを数回くり返す

another

頭の後ろで両手を組めない場合、下側にくる手でバランスボールを持ってもＯＫ。これであればバランスを崩すことなくトレーニングできる

最新の理論で
トップスイマーのように速くなる

「きれいに」泳ぐテクニックを身につけたら、トップスイマーも実践している最新の理論で「速い」泳ぎを学び、さらにあなたの泳ぎを進化させましょう。

STEP 2

これが「最先端」の

FRONT

入水する手は手首を曲げ、指先から入水。反対側の手はパワーポイントで面をつくる

遠くの水を一気にキャッチ。リカバリーは肩甲骨を内側に寄せて腕を引き上げる

SIDE

左腕は肩をアゴにつけたまま流れないようにキープ。右腕は面を崩さずに後方までかききる

肩甲骨を内側に寄せることでリリース～リカバリー。呼吸はコンパクトに行う

泳ぎだ!!

手のひらの面、ヒジの面、腕全体の面を崩さずグッとパワーを出す。反対側の手は肩甲骨を上げて入水へ向かう

入水する側に体重を乗せ返し、一気に前方に乗っかっていく

肩甲骨を上に引き上げるセカンドアップによって高い位置から入水

左手パワーポイント、左足パワーキックの同軸のタイミングで生み出したパワーを右側に乗せ返す

POINT 1

ヒザ下まで水面に出して コアからパワーを送る

速く泳ぐためのキックは「スプラッシュキック」です。脚全体の裏側を意識して蹴り上げ動作を行い、サーフェスキックよりも少し高く、ヒザ下が水面に出るくらいまで上げてキックを打ちます。脚を高く持ち上げれば、足の甲を確実に後ろに向けることができ、多くのエネルギーを後方に送り出せます。脚全体を高く上げるので、下半身を高い位置にキープする必要が出てきます。

パワーの源はコア（体幹）です。足先に力を入れようとすると足首が硬くなるので、身体の中心から力を出して足先へとパワーを送る。ムチがしなるような動きになり、より多くのエネルギーを生み出せるキックになるのです。

また、片方の脚を蹴り上げるとき、もう片方の脚は蹴り下ろすことになります。両脚で上下に挟み込むイメージでキックを打ちましょう。

「打つ・戻す」の両方を素早く行う

パワーを出すには速く打つことが大切で、そのためには速く戻す。もも裏、ふくらはぎ、足の裏と、脚全体の裏側を使って速く戻してあげましょう。

脚裏全体を使って高く持ち上げ、足の甲を確実に後方に向ける

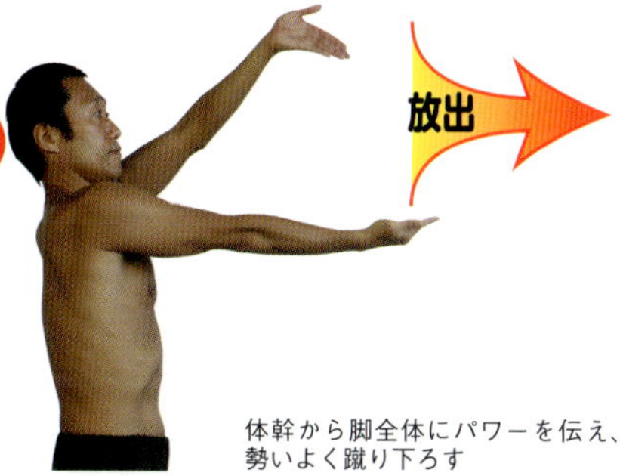

体幹から脚全体にパワーを伝え、勢いよく蹴り下ろす

LEVEL UP

スプラッシュキック

脚裏全体の力を使って思いきり蹴り上げて、バンバンバンとキックを打つドリルです。スプラッシュキックを覚えられるだけでなく、もも裏、ふくらはぎ、足の裏のトレーニングにもなります。

キックの練習なのでビート板を持ってOK。フラットブイなどを使って腰を高い位置に保つと効果的

ヒザ下あたりまで水上に出し、足の甲を後方に向け、溜めたエネルギーを一気に蹴り出す

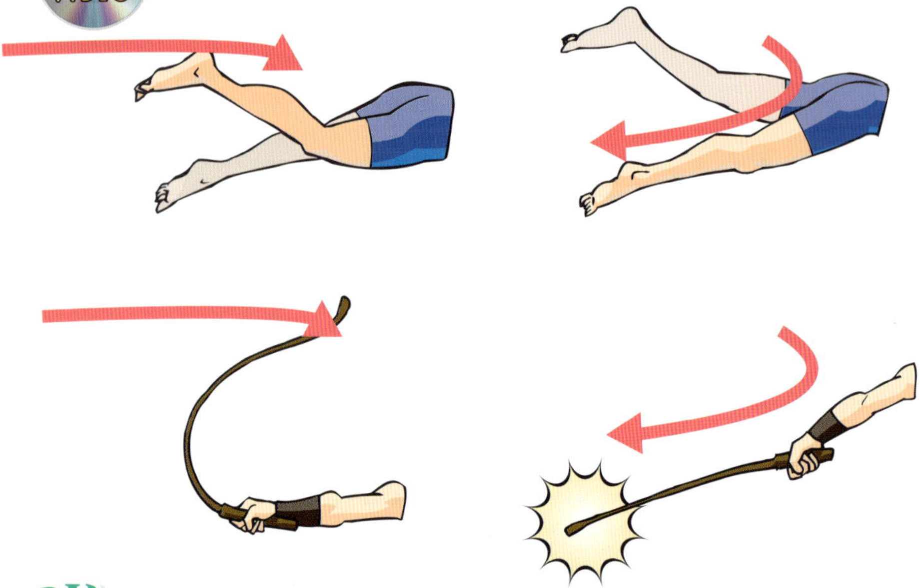

POINT 2 楕円を描くように脚を動かして効率を上げる

スプラッシュキックで、脚をヒザから折る形で上下に動かしてしまうと、せっかく溜めたエネルギーの行き先が下になってしまいます。脚の動きは上下ではなく、楕円を描くように動かしてキックを打つと、エネルギーが効率よく後ろ（進行方向と逆側）に送り出せます。

そのためには、足首はやわらかく使えなければいけません。脚全体を内側に回して（内旋させて）少し内股にして、親指と親指が軽く触れるくらいでスプラッシュキックを打てば、足首がやわらかく使えます。

また、両脚を開きぎみにしてキックを打つと、水が割れてしまってエネルギーがひとつの方向に行きません。脚全体を内旋させて内股でキックを打てば、エネルギーが左右に分散されることなく、真っ直ぐ後方に送り出せて、より効率のよいキックになるのです。

やわらかく脚を動かせば楕円を描くことができる

ヒザを曲げて真っ直ぐ下に打つのではなく、楕円を描くように動かすと、脚がムチのしなりのように使われ、効率よくエネルギーを後方に送れます。

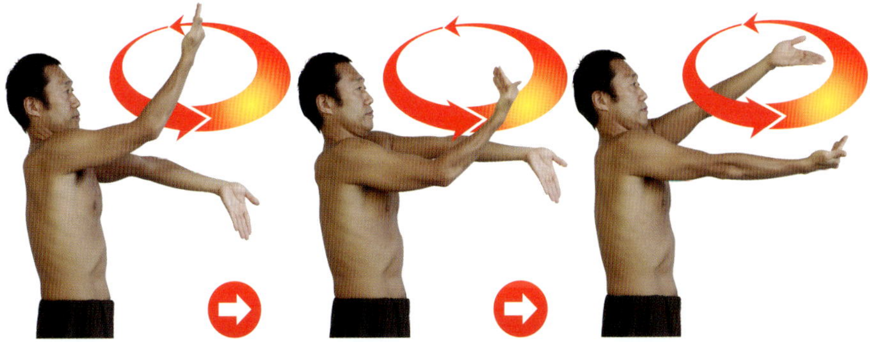

脚全体を高く持ち上げて、足の甲を後方に向ける

下方向ではなく、脚全体をしならせるようにキック

体幹から足先にパワーを伝え、後方にエネルギーを送り出す

注意!

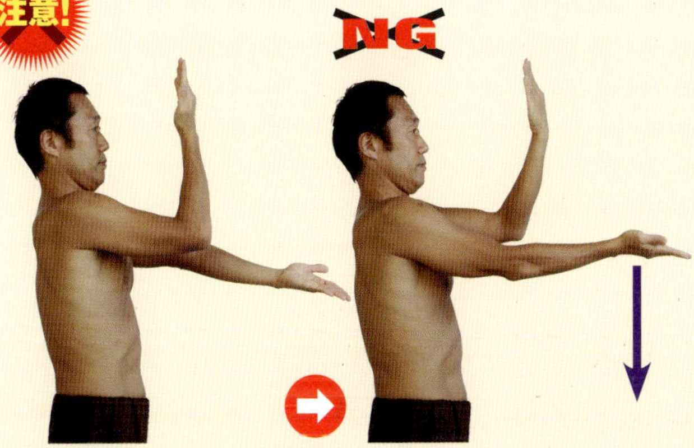

ヒザを曲げたり、もも裏から足先を上下に動かしてキックを打つと、せっかくキックで生じたエネルギーが下方向に行ってしまい、エネルギーが後方に送り出せないので注意しましょう。

POINT 3

泳ぐ距離によって入水の方法を変える

入水のテクニックは短距離、中距離、長距離、それぞれの距離によって異なります。短距離では深めに入水しますが、中距離や長距離はそれに比べて浅めの入水になります。

どのタイプの入水にもいえることは、肩甲骨の動きの重要性です。肩甲骨が下がったまま入水すると、横から腕を回す平たい入水になり、手が前に出ません。逆に上がったままだと硬い泳ぎになってしまいます。どちらも効率よく腕を動かせず、パワーを発揮することができません。

肩甲骨は上（進行方向）にしっかり移動させ、その動きによって手を高い位置に保ってそこから指先入水します。

このとき、なるべく身体から遠い位置に入水させることで、その入水した手にグッと体重を乗せられ、前方への推進力に変えることができるようになります。

各種目にあった入水を覚えて効率を上げよう

短距離、中距離、長距離、それぞれの泳ぎによって入水の形が変わってきます。あなたの種目にあった入水を覚えましょう。

短距離

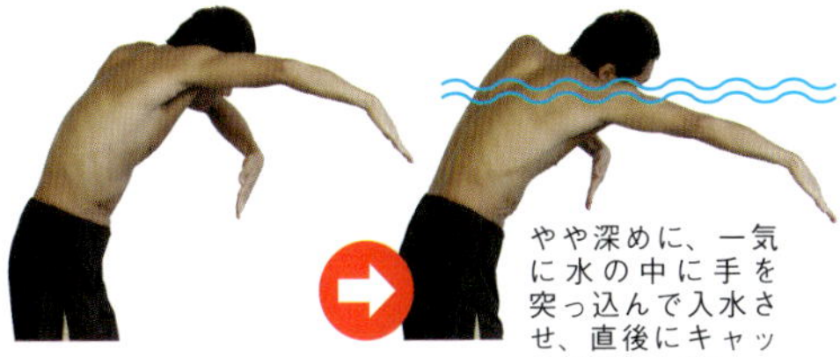

やや深めに、一気に水の中に手を突っ込んで入水させ、直後にキャッチで面をつくる

中距離

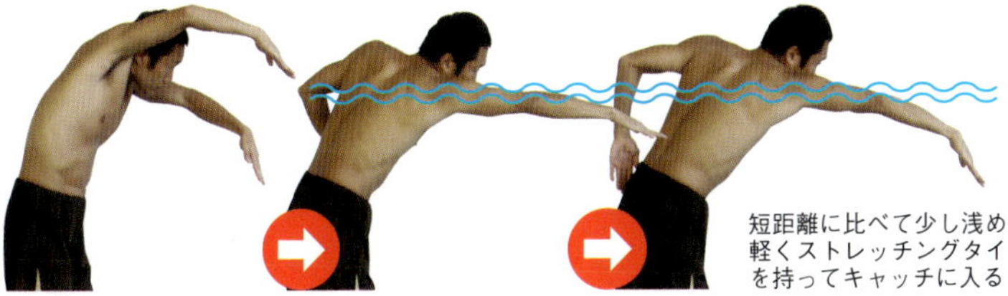

短距離に比べて少し浅めに入水。浅めにして、軽くストレッチングタイムをとり、少し余裕を持ってキャッチに入る

長距離

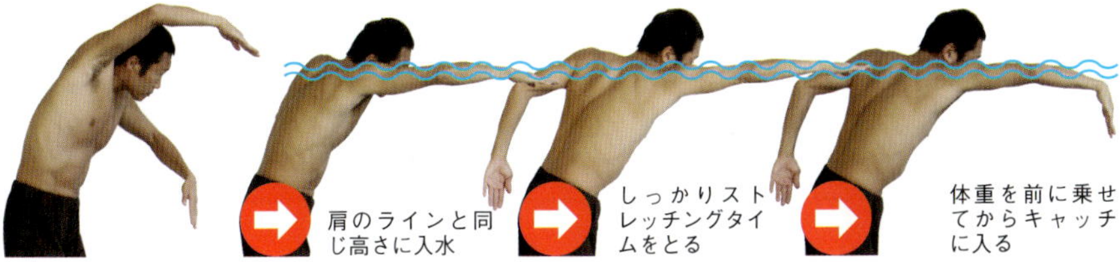

肩のラインと同じ高さに入水

しっかりストレッチングタイムをとる

体重を前に乗せてからキャッチに入る

LEVEL UP

腕を内旋させて肩を高い位置に保つ

STEP 1 でもくり返し述べましたが、肩を内旋させることで肩をアゴにつける方法はここでも大切なポイントです。肩を内旋させれば肩→ヒジ→手首→指先の高さになり、入水してからキャッチの間に前方に体重を乗せられるようになる。押さえ込みや横流れが起きないように、速い泳ぎになっても忘れずにいてください。

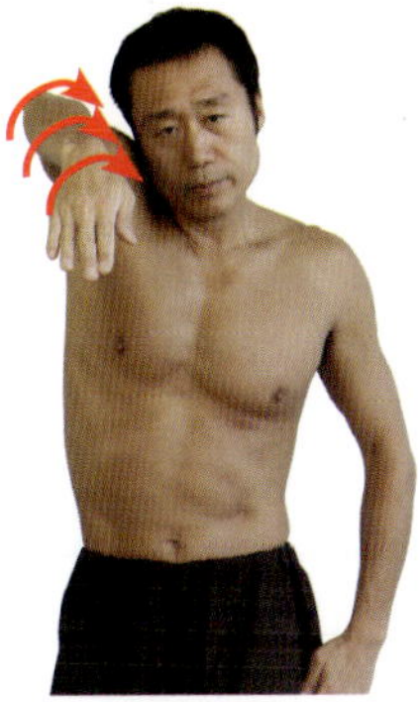

POINT 4 肩は常に高い位置に置いてストロークする

キャッチでしっかり面をつくり、どれだけ水をとらえられるか。これがそのあとのストロークに大きく関わってきます。

キャッチで十分に水をとらえるためには、肩の位置をできるだけ高く保つ必要があります。肩が落ちて指先が上がってしまうと、押さえ込み、内外への流れにつながってしまいます。女性に多いのは、指先が上がってしまうタイプ。男性は力がありますから、押さえ込みが多く見られます。ムダなパワーを使い、ロスが大きくなるので、速く泳げなくなってしまうのです。肩は前に出しすぎず、アゴを肩につけたまま体重を乗せていきましょう。

以前、日本ランキングトップ8スプリンターの合宿に参加したとき、すべての選手の肩が高い位置にありました。速く泳ぐ選手は肩の位置が高く保たれている証拠です。

肩を高い位置に保ちしっかり面をつくる

肩が高い位置に保たれていれば、キャッチにおける手のひらの面づくり、そのあとのストロークで確実に水をとらえることができるようになります。

肩→ヒジ→手首→指先の高さの順番で入水し、身体からなるべく遠くにある水をキャッチし、手のひらの面をつくる

身体の前方でヒジを立てて、ヒジまでの面をつくる。この前腕に身体を乗せるようにして前にグッと進む

注意!

肩を前に出しすぎない 腕を伸ばそうとしすぎない

「肩を出しなさい」という指導はよく耳にしますが、肩を前に出しすぎると肩がアゴから外れ、肩が落ちて、指先が上がってしまいます。手が外に流れたり、押さえ込みになったり、効率の悪い泳ぎになるので注意しましょう。

POINT 5 手首を曲げて入水して早めにキャッチする

これはまったく新しい理論で、過去の書籍でも述べていません。

入水のとき、手首をしっかり曲げて入水させるようにします。そうすることで面づくりが早くできる。カマキリの手のようなイメージが浮かぶと思いますが、それくらい曲げて入水させるのがちょうどいい入水ポイントになるのです。

ゆっくり泳ぐときよりも、当然、手をかくスピードは速くなります。だからこそ、キャッチまでの動作をスムーズに行って素早く面をつくらなければ、押さえ込みや横流れ、滑りにつながってしまいます。手のひらの面を進行方向と逆側に向ける、これができてはじめて、ストロークに入れるのです。自分では真っ直ぐかいているつもりでも、楕円の軌道になっていることがほとんどです。手のひらの面を常に後方に向けておくことがポイントになります。

手のひらの面のあとはヒジまでの面をつくる

手首を曲げて入水し、手のひらの面で水をキャッチします。そのあとで、ヒジを立てて「ヒジまでの面」をつくる。そこに体重を乗せていくのです。

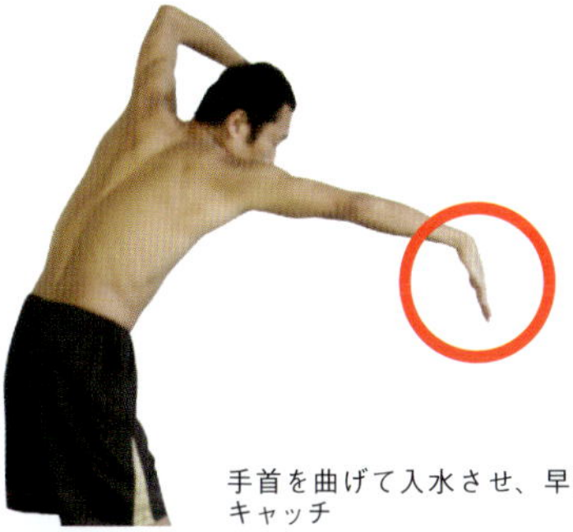

手首を曲げて入水させ、早めにキャッチ

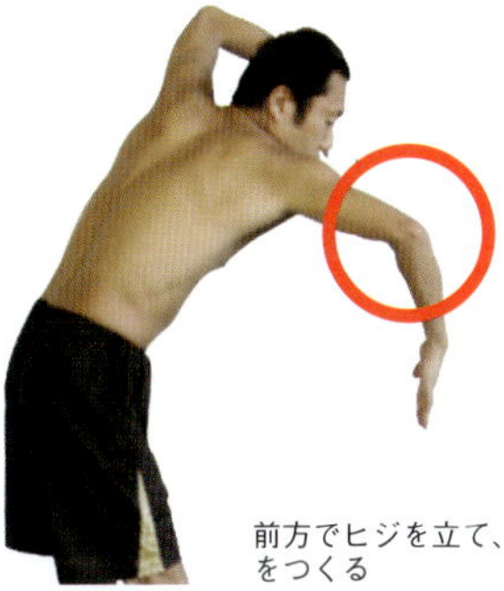

前方でヒジを立て、ヒジまでの面をつくる

LEVEL UP

前方で立てたヒジから先に乗っかるイメージを持とう

キャッチで手のひらの面をつくり、そのあとはヒジまでの面、腕の面をつくり、それらの面全体で溜めたエネルギーを送り出すために、面を崩さずに後方までかききります。特に前方で立てたヒジの面は大切で、そこが崩れて滑ると水をとらえることができず、滑りにつながります。大きな推進力のロスになりますので注意しましょう。

POINT 6 つくった面を崩さずに真っ直ぐ後ろにかく

ストロークにおいて大切なことは、エネルギーの効率です。エネルギーを効率よく、進行方向と逆側に流してあげなければいけません。横に流れたり、下の方向へ行ったりすると、エネルギーは分散されてしまい、スピードは上がりません。

手のひらの面、ヒジまでの面、そして腕全体の面をつくる。それらの面を崩さず、後ろまでしっかりエネルギーを押し出してあげましょう。手の軌道は真っ直ぐ後ろにいくようにします。

自分で真っ直ぐだと思っていても、意外と楕円の軌道でかいている場合があります。手のひらの面が常に後ろ側に向いているかを確認してください。これは水の中だけでなく、陸上で確認するのもいいでしょう。実際に自分で手を見続けて、最後まで面が後ろを向いたままかどうかチェックしてみてください。

距離別にストロークの形を覚えておこう

長距離で短距離のストロークをすれば、疲れて長い距離を泳げません。それぞれにあった形のストロークを覚えて使い分けましょう。

短距離

入水したら素早く面をつくる

一気に体重を乗せ、ストレートに後ろまで長いストロークをする

中距離

やや前方、胸のあたりにポイントをつくってキャッチ

しっかり後ろまでかく。前方だけでかいてリリースするパターンもある

長距離

浅めの入水からキャッチ。前方でしっかり水をつかむ

正確に後方までかく。腰あたりで手をリリースする人もいれば、完全に後ろまでかく人もいる

短距離、中距離、長距離、どの種目にも共通していることは、真っ直ぐに二軸のラインでかくこと。常にストレートプルの意識を持っておこう！

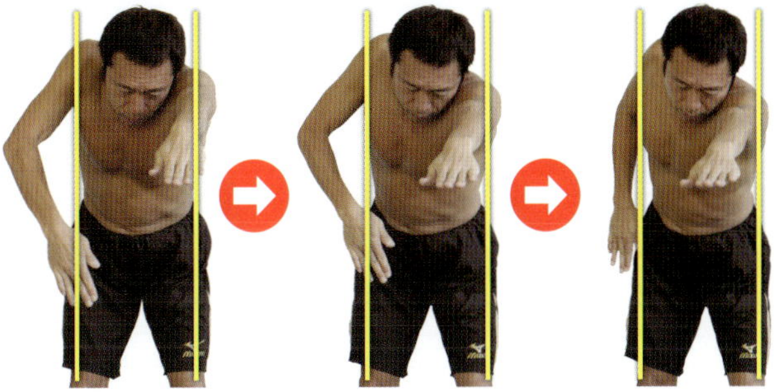

POINT 7

大胸筋を使ってフルパワーで進む

ストロークでより大きなパワーを生み出すためには、大きな胸の筋肉、大胸筋を使います。

そのためには、フラットなボディポジションを保ち、肩の位置を高くキープすることが大切になってきます。そうすることで大胸筋が使え、最大限のエネルギーを後方へ送り出せるのです。

実際には、キャッチから胸の位置あたりまで手が移動する（身体を前に乗せる）とき、大胸筋を使ってフルパワーでストロークに入ります。

いくら腕に力を込めようとしても、単なる力みで終わってしまい、そこまでのパワーは生み出せません。大きなパワーを生み出すには大きな筋肉を使う。特にストロークの前半部分で大胸筋を使ってあげて、一気に身体を前に乗せる。そうすればスピードがグッと上がり、速い泳ぎができるようになるのです。

大胸筋を使うのはストロークの前半部分

特に前で立てたヒジから先に身体を乗せるとき、大胸筋のパワーを使ってグッと前方に進みましょう。

前方で立てたヒジから先に乗っかるとき、大胸筋を使ってパワーを生み出す

生み出したパワーをしっかりと後方まで送り出す

LEVEL UP

ストローク後半の肩甲骨の使い方

ストロークの後半、面を崩さないようにするためには、手を後ろに動かすと同時に肩甲骨を引く（肩甲骨を進行方向と逆側に下げる）ことが大切です。脇や背中の筋肉を使って、面を保持したまま最後までかききりましょう。

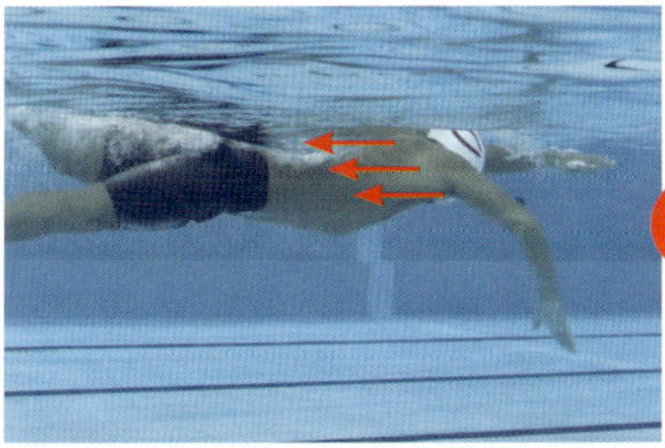

腕を後ろに持っていくというより、肩甲骨を後ろに下げることで腕をかききるイメージ

最後までしっかりかききって、多くのエネルギーを後方に送り出そう

POINT 8 肩を中心に腕を回さず肩甲骨主導で動かす

リカバリーはしっかりとした入水からキャッチに向かうために、とても大切な要素を持っています。平たいリカバリーになれば指先入水が困難になり、そのあとのキャッチで素早く水をつかむことができなくなります。

腕だけを回して前に戻すのではなく、肩甲骨を内側に寄せてリリースし、さらにそこから上（進行方向）に動かします。それに付随して腕を前に戻していくのです。肩甲骨までが腕になりますので、ダイナミックなストロークからのリカバリーができるので、その分パワーも発揮されるのです。

この肩甲骨の動きを入れるためには、それだけの可動域が必要になります。本書の後半では、肩甲骨の動きをよくするドライトレーニングを紹介していますので、その運動によって可動域を広げてください。

肩甲骨を進行方向に動かしその力で腕を回そう

リリース時には肩甲骨を内側に寄せ、入水に向かうときは肩甲骨を進行方向に上げて腕を回します。肩甲骨主導なら肩を高く保つことが可能です。

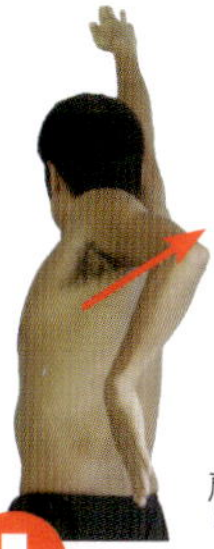

肩甲骨を内側に寄せてリリース

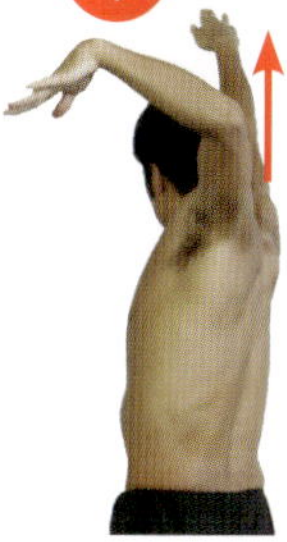

肩甲骨を上側（進行方向）に動かし、腕を前に戻していく

LEVEL UP

両肩を下げるローリングではなく肩甲骨を上げるローリングにしよう

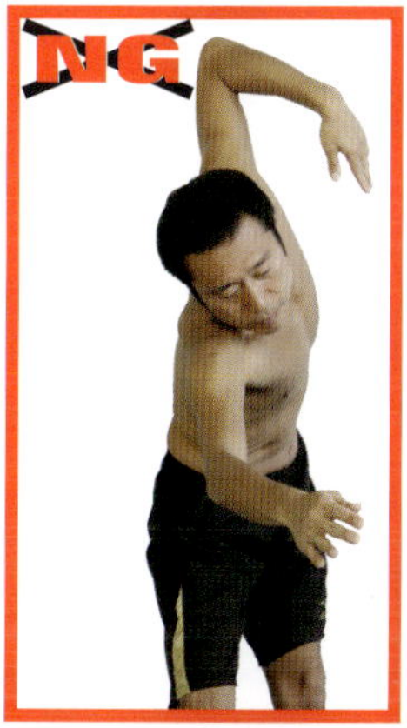

両肩を左右に下げてローリングしている人が多くいますが、バランスを崩す原因です。速く泳ぐためには、胸はできるだけフラットにしたまま、肩甲骨を使って前方上側へ持ってくるローリングにしましょう。

POINT 9 セカンドアップで高い位置から入水

リカバリーをして腕が前にきたとき、どうしても肩が落ちやすくなります。低い位置からでは指先入水ができないため、キャッチでの面づくりが遅れてしまい、大きなロスにつながります。

それを防ぐためには、高い位置から入水する必要があります。入水する前に、肩甲骨をさらに一段階上に引き上げる「セカンドアップ」をして、肩を高い位置に保ちます。すると、肩→ヒジ→手首→指先の順番になり、頭より高い位置から手のひら下向きで指先入水できるようになるのです。

力を入れたり、頑張って速くかこうとすると、どうしても肩を中心として腕を回すので、平たいリカバリーになってしまいます。慌てる必要はありません。肩甲骨の動きを主体として大きなリカバリーをして入水するようにしましょう。

リカバリーと逆の手の動きに注意しよう

セカンドアップ時、反対側の手が流れないように注意が必要です。アゴを肩につけておき、キャッチでエネルギーを蓄えておきましょう。

肩甲骨を使って大きくリカバリー。反対側の手は真っ直ぐキープ

セカンドアップによって腕を高い位置に押し上げる。反対側の手はキャッチで水をとらえる

高い位置から入水。反対側の手はパワーポイントとなり、グッとパワーを後方に伝え始める

注意!

肩を中心に腕を回すとリカバリーが平たくなる

肩甲骨を動かさず肩を中心に腕を回したり、頑張って速くかこうとすると、どうしても肩が低いまま腕を横に回すリカバリーになってしまうので注意しましょう。

POINT 10 同軸でパワーを蓄えて逆側に身体を乗せる

同軸のタイミングとは、例えば右手を入水させるとき、左手はパワーポイント（かき出し）になり、その左手と同じ軸にある左足でキックを打つことです。これが最もパワーを生み出すタイミングになります。

手の動きとキックのタイミングを合わせたあとは、その力を反対側に乗せ返すようにします。ちょうどスピードスケートの動きと同じです。スピードスケートは右足で蹴ったあと、左側に体重を乗せて前に進んでいます。左右に重心を乗せ返しながら前進しているのです。

タイミングが合わず、パワーポイントと反対側の足でキックを打つと「逆打ち」になってしまい、前に体重が乗らずにスピードが落ちてしまいます。また、身体全体のバランスも崩れて大きなロスにもつながります。しっかり同軸のタイミングを覚えましょう。

左右に重心を乗せ返すイメージでキック

右手が入水のとき、左手がパワーポイントになっているので、同軸である左足でパワーキックを打ちます。この同軸のタイミングでストロークとキックを行い、それによって逆側前方（このときは右側前方）に重心を乗せて推進力に変えるのです。

LEVEL UP

4ビートスイムでは省エネのタイミングもある

4ビートスイムでは「ターン」と大きくキックを打って呼吸のときに間を置く省エネのパターンもあります。4ビートは主に中距離で使いますから、スピードよりも体力を重視する場合は省エネのタイミングも覚えておくといいでしょう。

POINT 11 各種ビートにおけるタイミングを覚える

クロールの主なキックには「2ビート」「4ビート」「6ビート」があります。それぞれ、左右のストローク1セットの間に打つキックの回数を表しています。

「2ビート」は主に長い距離を泳ぐ場合に使います。「4ビート」は200m～400mの中距離で、「6ビート」は短距離で速く泳ぐ場合に用いるキックです。

どのビートのキックにしても、同軸のタイミングでキックを打ってパワーを発揮させることは変わりません。ここでは、各ビートにおけるタイミングの合わせ方を紹介します。

あなたが競技に出る選手の場合、ご自分の種目に最適なキックのタイミングを覚えてください。これからタイミングを覚えるという方であれば、いきなり「6ビート」から始めるのではなく、「2ビート」から始めるといいでしょう。

2ビート

左右交互にパワーポイントとパワーキックを迎えますので、最もタイミングを合わせやすい泳ぎ方です。

4ビート

スピードを上げたい場合、手を入水させたときに「ターン」とパワーキックを打つと、そのまま前方に体重を乗せてグッと進むことができます。パワーキックの合間に「タッタッタッ」と小さいキックを挟むので、4ビートになるのです。

6ビート

「ダッタッタ」「ダッタッタ」と片腕のストロークの間に3回キックを打ちます。「ダッ」のときがパワーキックです。

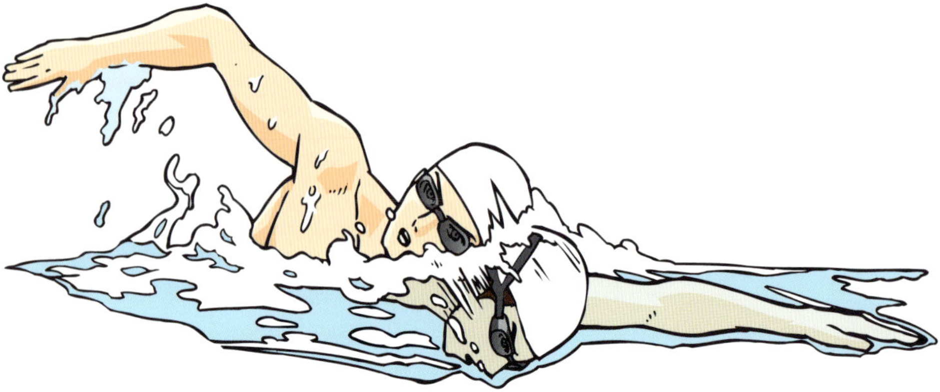

POINT 12 顔は素早く戻して早めに前に乗ろう

STEP 1で「呼吸はコンパクトに、手と顔の動きを独立させてやりましょう」と説明しました。これは、特に短距離において重要です。

やはり、呼吸をしている時間を長くすると、身体が開いて前に乗ることができず、スピードがゆるんでしまいます。また、大きい呼吸であればあるほど、身体がブレたり、体勢が崩れやすくなってしまいます。なるべく早めに顔を戻して、進行方向に身体を乗せるためには、腕の動きに先立って顔を戻す動きが必要になるのです。

中距離や長距離については、短距離に比べれば少し余裕のある呼吸になります。やはり長い距離を泳ぎますから、短距離のように素早い呼吸では体力が持ちません。しっかり空気を交換する呼吸が必要になります。

それぞれの呼吸法を覚えて、どちらにも対応できるようにしましょう。

スプリントは一気に吐いて一気に吸う呼吸をする

0.1秒、もしくはそれ以下の世界で争うスプリントでは、ちょっとしたロスが勝敗を大きく左右します。コンパクトかつ素早い呼吸が求められます。

水面に口を出す程度で呼吸し、腕の動きに先立って顔だけを戻していく

短距離

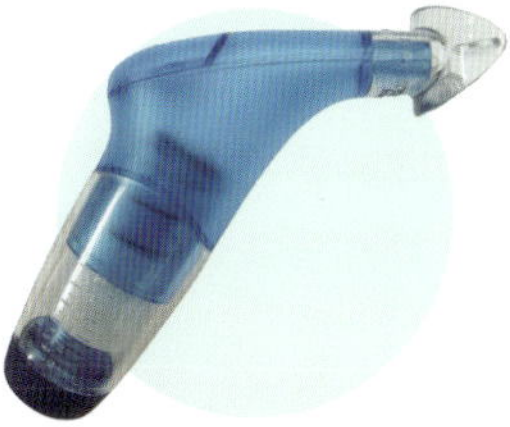

スプリントは一気にガス交換をするので、呼吸筋を鍛える必要がある。パワーブリーズなどの機具を使って呼吸筋を鍛えよう

中距離

短距離より長い距離を泳ぐため、焦らずしっかり呼吸をする

長距離

長距離は長く泳ぐため、少し余裕を持った呼吸が必要。身体がブレたり、腹圧が抜けないように注意

POINT 13 素早く前方に傾いてフラットに飛び出す

バックプレートがついたスタート台からのスタートは、まだ始まったばかりなので、これから先、研究されていくでしょう。

バックプレートができたことで、足を前後に開く形になりました。ですから私は、陸上競技の短距離離走の理論からヒントを得ました。

後ろの足を蹴り出すことで前方に倒れて、最終的には前足の蹴り出しによって飛び込んでいきます。飛び込んだあとの泳ぎにつなげるため、エネルギーのベクトルは上ではなく、前に向ける。その飛び込み方であれば、深くまで沈まず、フラットに飛び込めるので、エネルギーは常に前方に向けたままでいられます。

人間は身体が向いた方向（傾いた方向）に飛び出します。後ろ足の蹴りと、突っ張っている前足のヒザを抜くことで、いかに素早く身体を前に倒せるかがカギになります。

真っ直ぐ前方へ飛び フラットに入水する

できるかぎりフラットに飛び出し、フラットに入水するのが理想です。上に向かわないので飛んでいない気がしますが、エネルギーの方向は前方なのでその推進力を泳ぎ始めに活かせるのです。最後はストリームラインをつくって水に入っていきます。最近の短距離のトップ選手たちは、早めに水面に出て泳ぎ始める選手が多くいます。深くに沈まないほうがいいといえるでしょう。

バックプレートにかけた足を蹴って身体を前傾させていく

前足のヒザを抜いて（突っ張りを取り除いて）かかとを上げ、前方に蹴り出す

上ではなく前方に飛び出し、両手を前に伸ばし始める

両手を真っ直ぐに伸ばし、ストリームラインをつくって水中へと向かう

上に飛び出すとアップダウンが激しく、エネルギーが上下に分散されてしまう

前方へのエネルギーを利用し、ストリームラインで前進する

POWER UP DRILL

POWER UP 1 DRILL スカーリングキャッチ

両手

ヒジは前に置いて動かさない

ヒジから先を動かしてスカーリング

ヒジまでの面はしっかり保ったままにする

片手

＜速く泳ぐためのドリル＞

入水からキャッチのポイントにおける指先や手のひらの感覚を養うドリルです。身体の前にあるヒジを固定し、手のひらの面、ヒジまでの面を崩さないようにスカーリングを2回やり、そのあとでキャッチを2回行います。まずは両手でやって感覚をつかみ、そのあとで片手でもやりましょう。

4
ヒジの位置を固定したまま手を前に伸ばす

5
ヒジの位置を固定したままキャッチに入る

6
肩→ヒジ→手首→指先の高さの順番を守る

4

5

6

POWER UP 2 DRILL

ボールストローク

水上

肩甲骨を内側に寄せてリリース

口が水面に出る程度のコンパクトな形で呼吸をする

水中

肩をアゴにつけたままストレッチングタイムをとる

身体から遠い位置で手首を曲げてキャッチ

テニスボールを持ちながらストロークをして進むドリルです。ボールを持つことで指先が曲がり、手首も曲がりやすくなります。ヒジも立ちやすくなり、効果的な面づくり、ストロークのチェックができます。ボールの圧力を受けながらなので、程よい負荷をかけながら泳ぐことができるのです。

肩甲骨を上（進行方向）に移動させて腕を前に戻していく

顔を先に戻して、そのあと肩甲骨主導で腕を動かして高い位置から手を入水させる

手のひらの面、ヒジまでの面、腕全体の面を崩さないようにストローク

腕全体の面を後方に向けたまま、最後までかききる

POWER UP DRILL 3 ヘッドタッチスロー

肩甲骨を前方に移動させてリカバリー

セカンドアップによって腕を引き上げ、頭に軽くタッチ

POWER UP DRILL 4 ボー＆アロー

片腕を、肩甲骨を動かすことで持ち上げ、キープ。水の中の手はキャッチポイント

水中にある腕の肩にアゴをつけたまま顔を横に向け始める

リカバリー時に一度、頭に触れてから入水に向かうドリルです。大きくリカバリーをしなければ頭にタッチできません。ということは、腕だけを回すのではなく、肩甲骨の動きをともなう必要が出てきます。このドリルによって、肩甲骨のセカンドアップを習得しましょう。

あくまで肩甲骨主導で、ゆっくり腕を前に持っていく

なるべく遠くへ入水。すべての動作をゆっくり、大きく行わなければ肩甲骨は動かない

肩甲骨を上げるのに苦労する人は、肩が落ちやすくなります。いかに肩甲骨を上げられるようにするかがポイントです。片方の腕をずっと上に上げたまま泳ぐこのドリルは、肩甲骨を上げやすくする効果があります。このドリルではショートフィンを使ってキックをしましょう。

肩甲骨を上げたまま、顔だけを動かして呼吸

腕は上げたまま顔だけを戻すので、呼吸と腕を独立させることも学べる

POWER UP 5 DRILL

キャッチスカーリング→ストローク

両手

両腕ともにキャッチポジションをつくり、スカーリングを２回行う

片手

片手だけで、キャッチポイントでスカーリングを行う。左右にブレないように注意

手のひらの面、ヒジまでの面を崩さずにスカーリングし、腕全体の面をつくってストロークに入るドリル。ヒジまでの面、腕全体の面を崩さずにストロークすることも覚えられます。まずは両手で感覚をつかみ、そのあと片手でやります。片手の場合、バランスが崩れやすいので注意しましょう。

腕全体で面をつくり、その面を崩さないように肩甲骨を後方に下げながらストローク

真っ直ぐ後方に、面を崩さずにかききることで、身体を真っ直ぐ前に進ませる

POWER UP DRILL 6

パワーフィニッシュスカーリング

水面

ストロークの途中からフィニッシュまでだけをくり返す

水中

ストロークの後半部分だけをくり返し行い、最後まで面を崩さず、ヒジを押し出せるようにするドリルです。上腕三頭筋のパワーを使ってかききりましょう。はじめは水面で感覚をつかみ、そのあと水中でやりましょう。水中ではよりパワーが求められますので、腕のトレーニングにも最適です。

上腕三頭筋をフルに使って力強くかく。面を崩さないように注意

POWER UP 7 DRILL

ボールキック

筋肉、体幹を内側に締めて、ボールをしっかりと押さえ込む

POWER UP 8 DRILL

ボールプルスプリント

ボールが足から取れないように、脚全体の筋肉を内側に締めてキープ

水球のボールを両手で持ったまま、キックで進んでいくドリルです。ボールを持つと上半身が浮いてきてしまいます。しっかり筋肉、体幹を内側に締め、腹圧を入れられるようになります。このドリルでは、キックはショートフィンをつけて行いましょう。

3

4
NG
上半身が浮いてきてしまうのは、体幹を
締められていない証拠

身体が水面に浮いていかないように、しっかりボールを押さえ込んで進む

水球のボールを両脚の間（くるぶしのあたり）に挟んで、下半身が浮いている状態をつくってスプリントプルを行うドリルです。内股に力が入った状態でなければボールが外れてしまいます。身体がくねらないように、体幹を安定させ、お腹が落ちたりしないように気をつけて行いましょう。

3

4
水上

身体が左右にくねらないように、体幹を安定させたままプルを続ける

POWER UP 9 DRILL

スプリント タイミングスイム

両足

左手のパワーポイントでキックし、右側に体重を乗せ返す

入水した右手でキャッチ

片足

左手がパワーポイントのとき、同軸の左足でパワーキック

右側に体重を乗せて大きく前進

パワーを生み出すための、腕のかきとキックのタイミングを合わせるドリルです。はじめはドルフィンキック（バタフライのキック）を打ち、パワーポイントとパワーキックを合わせます。その次は片足のキックに変えて、2ビートスイムでパワーポイントとパワーキックを合わせましょう。

右手のパワーポイントで両足キック

左側に体重を乗せ返し、前進する

右手がパワーポイントのとき、同軸の右足でパワーキック

左側に体重を乗せて大きく前進

速く泳ぐための

POWER UP ドライトレーニング

スピードに乗った泳ぎをするためには、やはりそれ相応の身体の強さやバランスが必要になります。

ここでは、クロールの動きに直結するトレーニングを腕、肩甲骨、体幹、脚裏の4つの部位に分けて紹介します。腕は、主にストロークで力を発揮するためです。肩甲骨は入水からリカバリーまで、腕の動きのすべてを司っています。体幹は、いわば泳ぎにおける「心臓」。ここが安定してこそスピードに乗っていけます。脚裏は脚を高く上げ、パワーを生み出すキックを打つために大切な部位です。各部位を鍛え上げ、スピードのある泳ぎを目指しましょう。

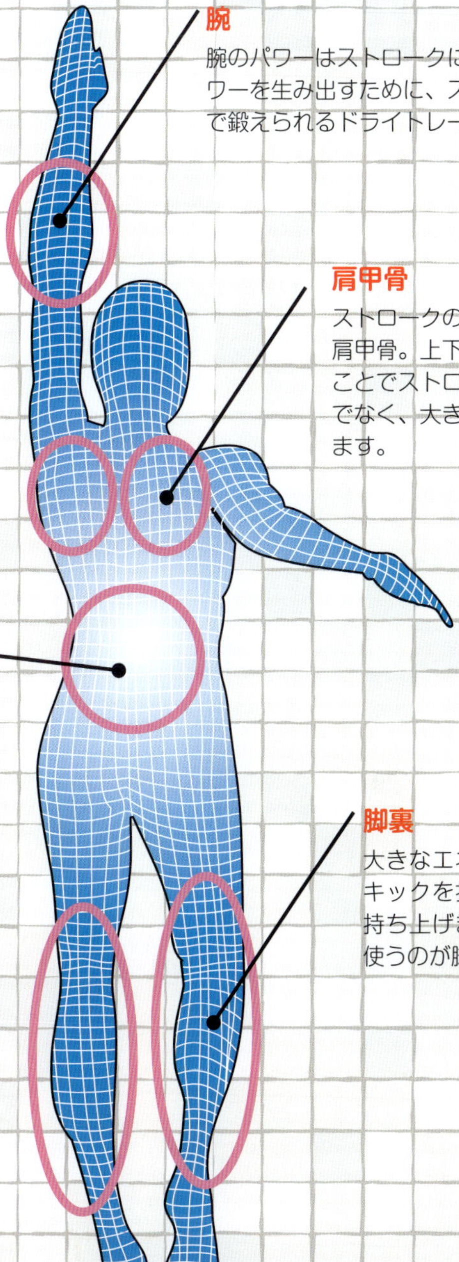

腕

腕のパワーはストロークにおいて必須。よりパワーを生み出すために、ストロークの動きの中で鍛えられるドライトレーニングをしましょう。

p108,109→

肩甲骨

ストロークのすべてを司っている肩甲骨。上下左右に大きく動かすことでストロークが安定するだけでなく、大きなパワーも生み出せます。

p110→

体幹（コア）

身体の中心である体幹（コア）。ここを安定させて、左右にブレずに前方へパワーを送ることができれば、泳ぎのスピードはよりアップします。

p112,114~117→

脚裏

大きなエネルギーを送り出すキックを打つには、脚全体を持ち上げますが、そのときに使うのが脚裏の力になります。

p111,112→

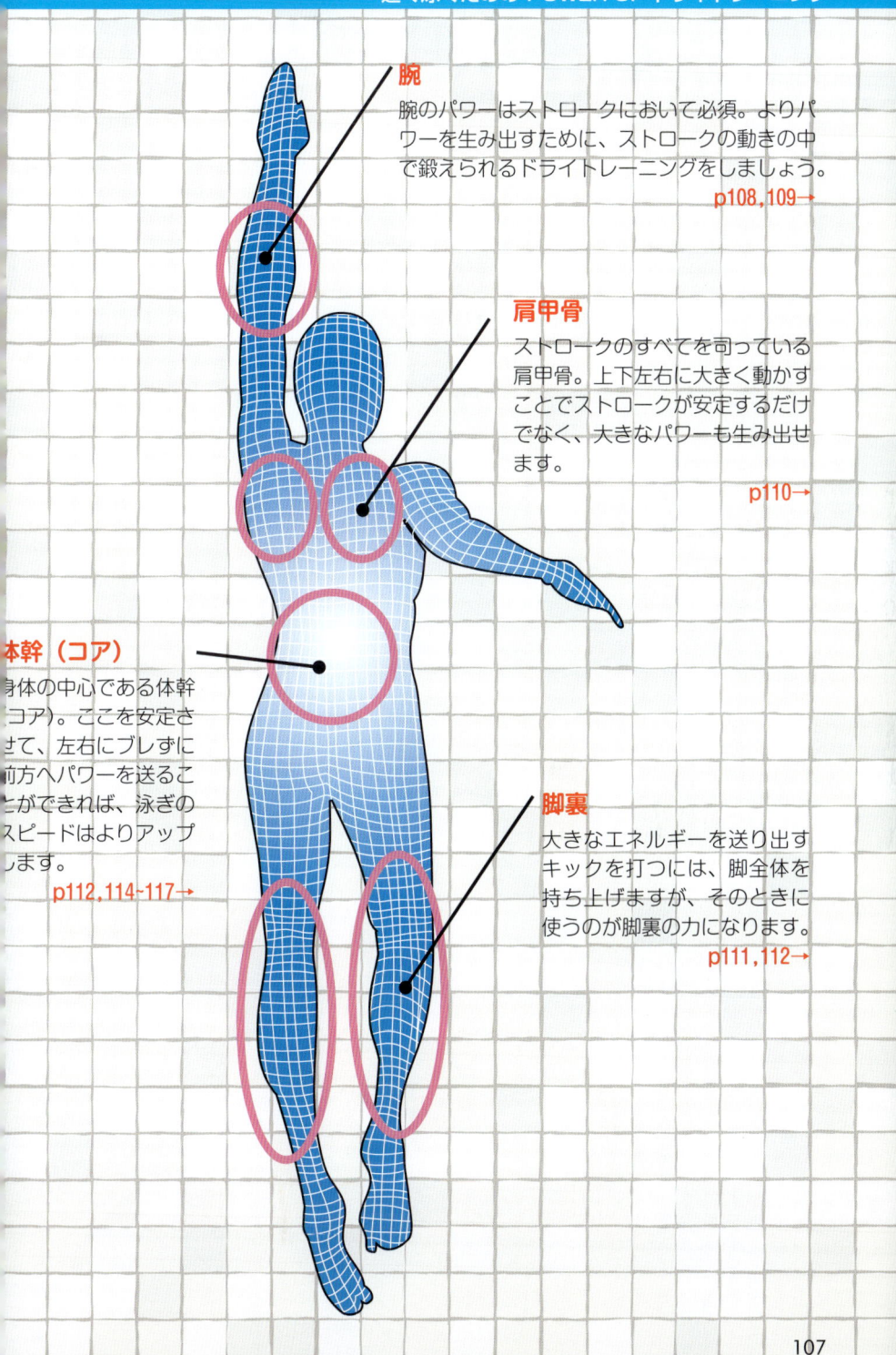

POWER UP TRAINING 1

プッシュアップwithメディシンボール

腕

メディシンボールを使った腕立て伏せです。メディシンボールを使うことでわざとバランスを悪くし、バランス力と腕の力を鍛えます。

1

両手をメディシンボールに乗せて、両脚を伸ばす

2

手首に気をつけて腕を曲げていく

3

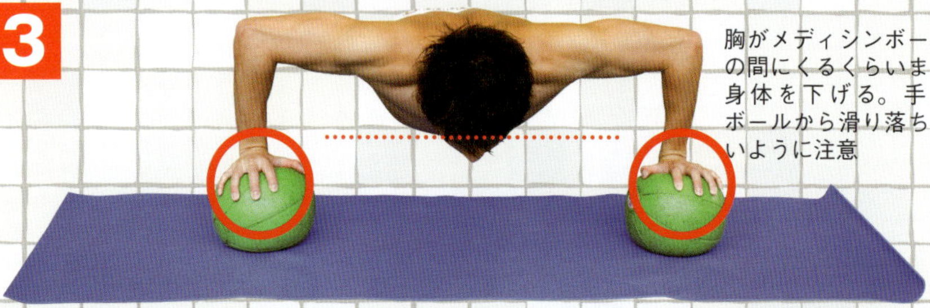

胸がメディシンボールの間にくるくらいまで身体を下げる。手がボールから滑り落ちないように注意

POWER UP TRAINING 2

スタンディング・ダブルアーム・スロー with メディシンボール

腕

メディシンボールを、自分のストロークによって投げ下ろす運動です。ストロークで力を出す感覚を養い、スプリントの能力を高められます。

1

ヒジを立てて腕を伸ばし、メディシンボールを持ち上げる

2

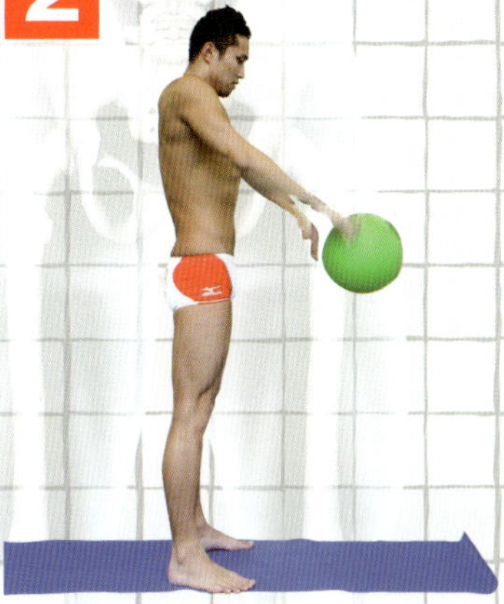

ヒジが立った状態を保ったまま、ストロークの形でボールを投げ下ろす

3

ボールを離したあと、最後のフィニッシュまでしっかり腕を振る

POWER UP TRAINING 3

ショルダーレイズ（Tライン）

肩甲骨

うつ伏せになり、額を地面につけ、泳ぎの姿勢で小刻みに両腕を上下させて肩甲骨の可動域を広げつつ、負荷をかけるドライトレーニングです。

1 うつ伏せになり、額を地面につけ、泳ぎの姿勢で行う。左右に伸ばした手の小指が上を向くようにする

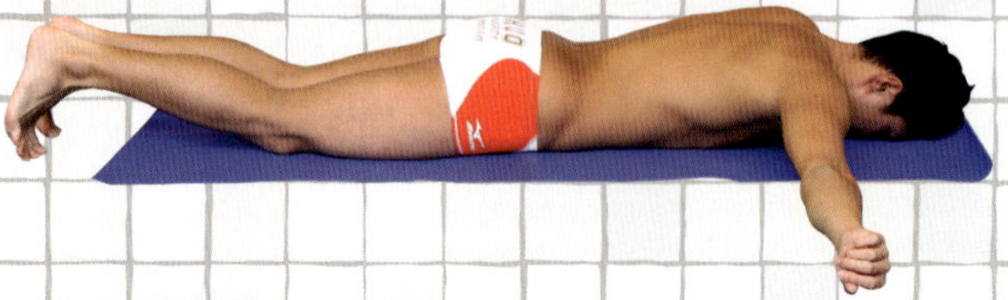

2 両腕を小刻みに上下させて、肩甲骨を寄せたり開いたりをくり返す

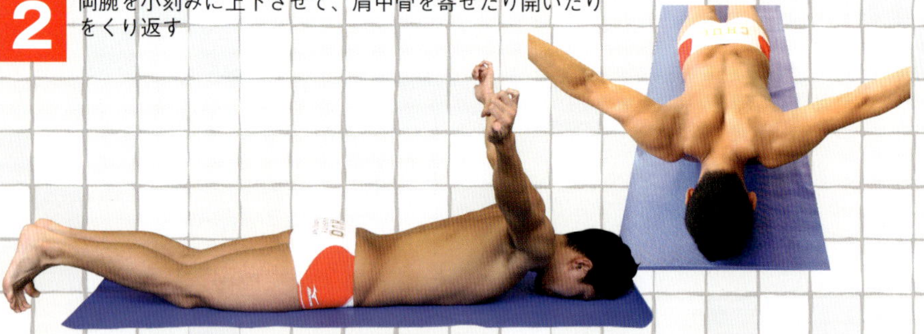

3 リカバリー時に肩が上がっていることをイメージして、肩甲骨がしっかり寄せられているか確認する

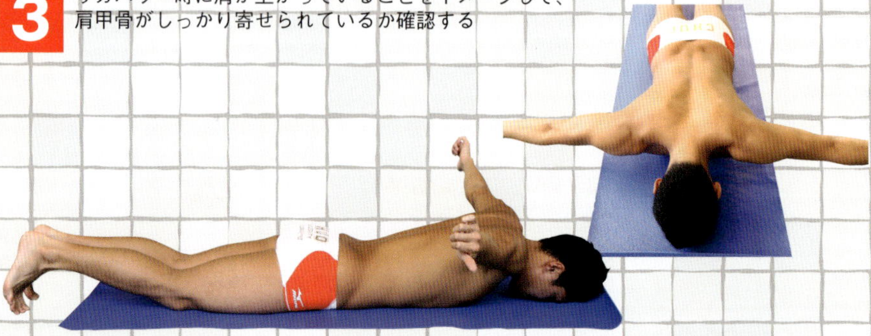

POWER UP TRAINING 4

バックレッグレイズ

脚裏

ソフトジムを挟んで両脚を持ち上げる運動です。背筋、もも裏、ふくらはぎ、足の裏の筋肉を使うので、キックで脚を持ち上げるときに役立ちます。

1 ソフトジムを両脚のくるぶしのあたりに挟む。額は地面につけ、両手は前に伸ばし、泳ぎの姿勢をとる

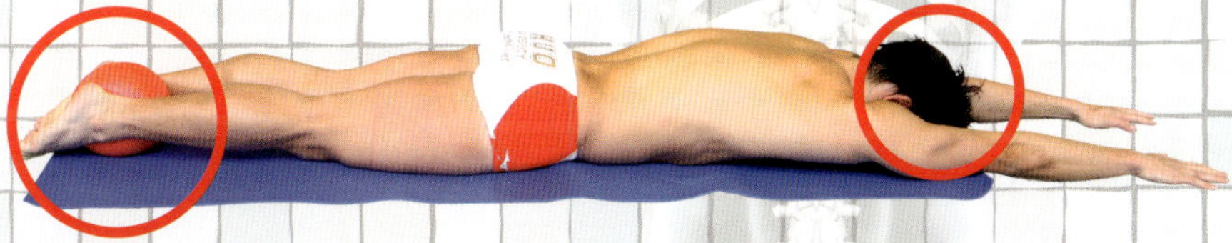

2 背筋、もも裏、ふくらはぎの筋肉を駆使して両脚を持ち上げていく

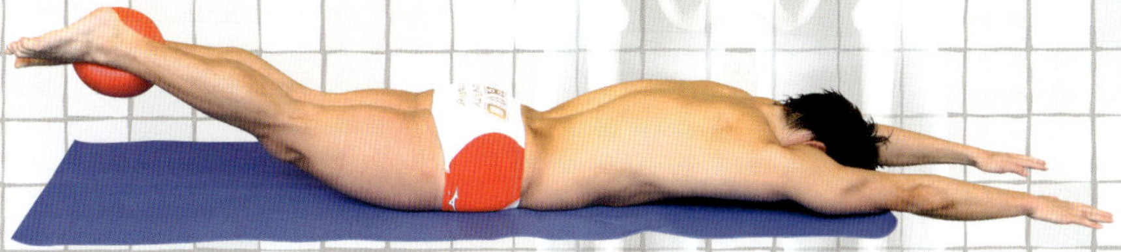

3 限界まで脚を持ち上げてから下ろす。上下動をくり返し行う

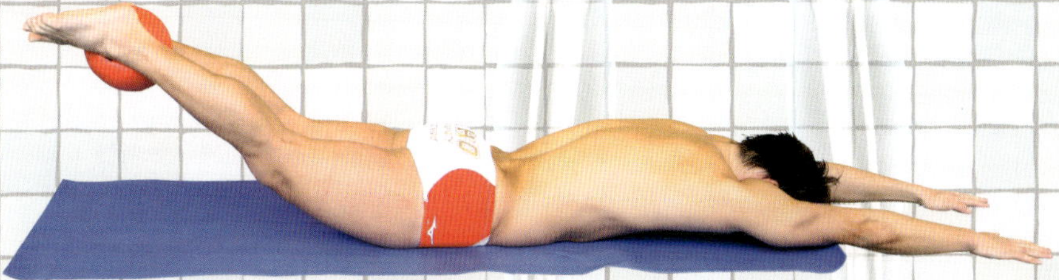

POWER UP TRAINING 5

ハムストリング・ウォーク with バランスボール

体幹 脚裏

もも裏、脚裏全体を使った運動で、腹圧を入れて身体を真っ直ぐにして行うことがポイントです。身体の背部、体幹を鍛えられるトレーニングです。

1 両脚をバランスボールに乗せ、背中を地面につける。身体を真っ直ぐにすること

2 足裏をボールにつけて、自分のほうへ引き寄せる

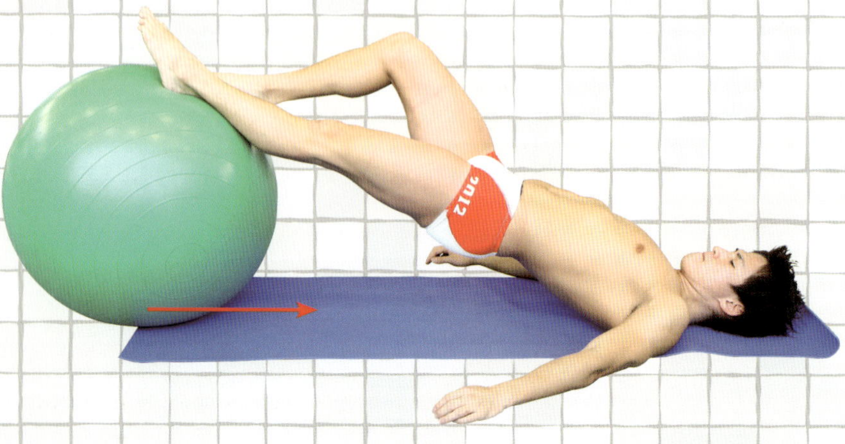

3 もう片方の足でも同じように引き寄せる

4 数回引き寄せたら、今度は自分から遠ざけるように転がしていく

POWER UP TRAINING 6

バーティカル・ジャンプ with メディシンボール

体幹

ボールを持ったまま、姿勢を崩さずにジャンプする運動です。真っ直ぐ、姿勢を崩さずに飛ぶことで体幹を鍛え、軸がブレない身体をつくります。

1

中腰の姿勢でメディシンボールを持つ

2

スクワットと同じ要領で腰を下げる

3

軸がブレないように
真っ直ぐ上にジャン
プする

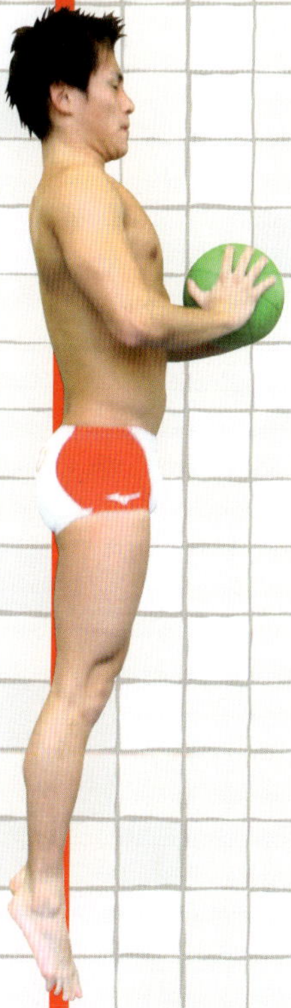

4

前後左右に傾いたり
せず、しっかり着地。
同様のジャンプを数
回くり返して１セッ
トとする

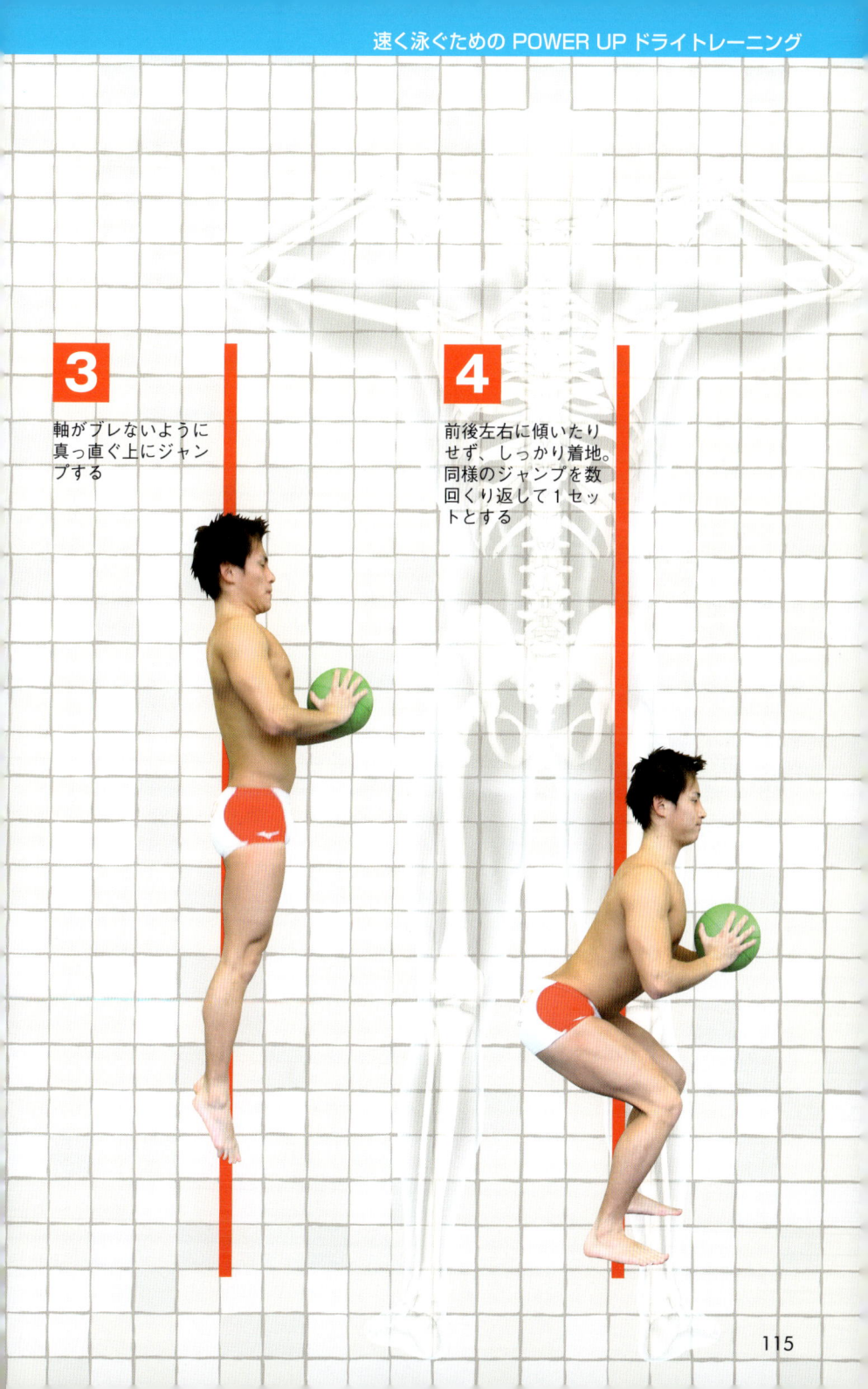

POWER UP TRAINING 7

ボクシングフック with ダンベル

体幹

体幹の強化を図り、ブレない軸をつくります。呼吸をする際、身体を左右にひねりますが、そこでバランスを崩さないようにするために役立ちます。

1

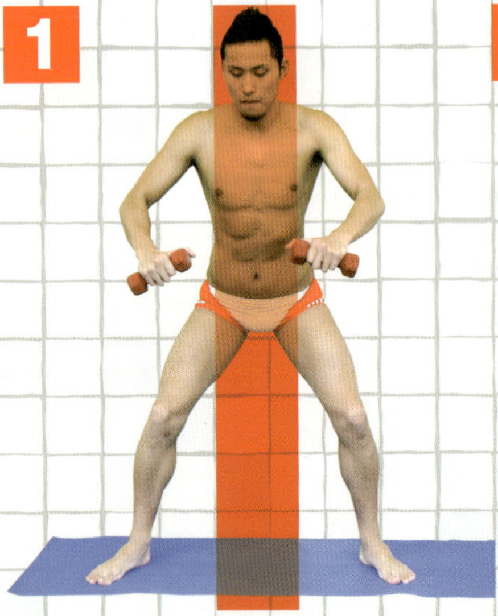

2

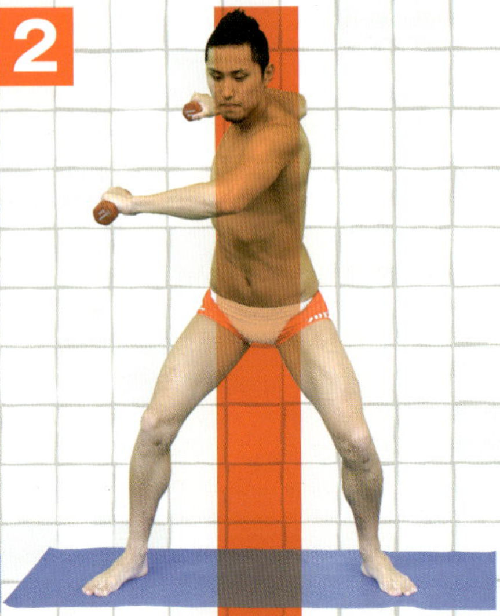

3

①両手にダンベルを持ち、中腰で構える

②体幹を真っ直ぐにしたまま、身体を右に捻転させる

③今度は左側に身体を捻転させる

ダンベルの重さに負けないように、体幹をしっかり安定させ、身体を左右にくり返し捻転させる。呼吸の際の動き、二軸に体重を乗せる動きをより安定して行えるようになる